비즈니스를 위한 ChatGPT 활용 대전

쿠니모토 치사토 지음
챗GPT 연구회 옮김

정보문화사

이 책을 읽기 전에

이 책을 구매하거나 사용하기 전에 다음 내용을 꼭 확인해주세요.

- 이 책은 2023년 9월 기준의 정보를 바탕으로 제작되었습니다. 이후 기능, 화면, 플러그인 등의 업데이트로 인해 설명과 실제 내용이 다를 수 있습니다. 책 발행 이후 변경된 부분에 대해서는 따로 안내해드리기 어려운 점 양해 부탁드립니다.
- ChatGPT는 질문마다 다른 답변을 생성합니다. 본문에 실린 답변은 하나의 예시일 뿐이며, GPT-3.5 및 GPT-4의 결과를 기반으로 수록되어 있습니다.
- 본서는 정보 제공을 목적으로 하며, 이 책을 참고해 실행한 결과에 대해서는 저자 및 출판사가 책임지지 않습니다. 사용에 앞서 신중한 판단을 부탁드립니다.
- 책에 실리지 않은 내용이나 하드웨어, 소프트웨어, 서비스 자체의 오류에 대한 문의는 받지 않습니다.
- 본문에 등장하는 회사명, 제품명, 서비스명 등은 각 회사의 등록 상표 또는 상표입니다.
- TM, ® 등의 표기는 본문에서 생략했습니다.

들어가며

『비즈니스를 위한 ChatGPT 활용 대전』에 오신 것을 환영합니다.

5일 만에 100만 사용자, 2개월 만에 1억 사용자를 돌파하며 모두가 알게 된 ChatGPT는 사람과 대화하듯 말을 걸면 AI가 문장을 생성해주는 마법 같은 도구입니다. ChatGPT를 능숙하게 다루면서 다양한 문장 생성뿐 아니라, 데이터 분석, 코드 작성, 이미지 생성 등 지금까지 익히기 어려웠던 일들을 손쉽게 처리할 수 있게 되었습니다. 창업 1년 차인 저는 ChatGPT를 잘 활용함으로써 많은 직원을 채용하지 않고도 여러 작업을 AI에게 맡기고, 보다 창의적인 일에 시간을 쓸 수 있게 되었습니다. 말 그대로 ChatGPT는 창업 파트너였습니다. 이 경험을 바탕으로 현재는 ChatGPT·생성형 AI 활용 교육 사업을 전개하고 있습니다.

ChatGPT의 진가를 발휘하려면, 그 '활용법'을 아는 것이 중요합니다. 단순히 명령을 내리면 되는 게 아닙니다. 팀원과 마찬가지로 AI도 커뮤니케이션을 하며, 어떻게 업무를 맡길 것인지가 중요합니다. 미국에서는 ChatGPT의 프롬프트를 다루는 '프롬프트 엔지니어'라는 직종에 연봉 약 5억 원(5000만 엔)을 제시한 기업도 있습니다. 현재 일본에서 ChatGPT의 활용과 확산을 가로막고 있는 가장 큰 요인은 '어떻게 써야 할지 모르겠다'는, 즉 활용 사례를 잘 모르겠다는 점입니다.

이 책은 다양한 비즈니스 현장에서 ChatGPT를 실제로 활용할 수 있는 법을 구체적이고 쉽게 풀어냈습니다. 책을 다 읽고 나면 여러분도 '이런 일까지 AI로 가능하다고?' 하고 감탄하며, 어느새 ChatGPT 마스터가 되어 있을 것입니다.

자, ChatGPT로 당신의 업무를 한 번에 바꿔봅시다.

Cynthialy 주식회사

쿠니모토 치사토(國本知里)

이 책의 활용법

1 Scene
ChatGPT를 어떻게 활용할 수 있는지, 실제 적용 가능한 상황(Scene)을 소개했다.

2
'이럴 때 이렇게 쓰면 유용하다'는 식의 Scene별 추천 해시태그(#)를 제시했다.

3 POINT
ChatGPT에 입력할 프롬프트의 핵심(POINT)을 정리했다. 번호는 실제 프롬프트(④)와 연결된다.

4 프롬프트
실제로 사용할 수 있는 프롬프트 예시다. 예시를 참고해 자유롭게 프롬프트를 작성해보자.

5 답변
프롬프트에 대한 ChatGPT의 답변 예시다.

6 해설
프롬프트와 답변의 핵심을 해설과 함께 수록했다.

이 책에는 주로 비즈니스 실무자가 실제로 활용할 수 있는 ChatGPT 사용법을 작업 유형별로 정리해 수록했다. 처음 ChatGPT를 사용하는 독자도 무리 없이 시작할 수 있도록, 복잡한 기술은 빼고 가능한 한 단순한 지시어로 사용할 수 있는 방법을 중심으로 구성했다.

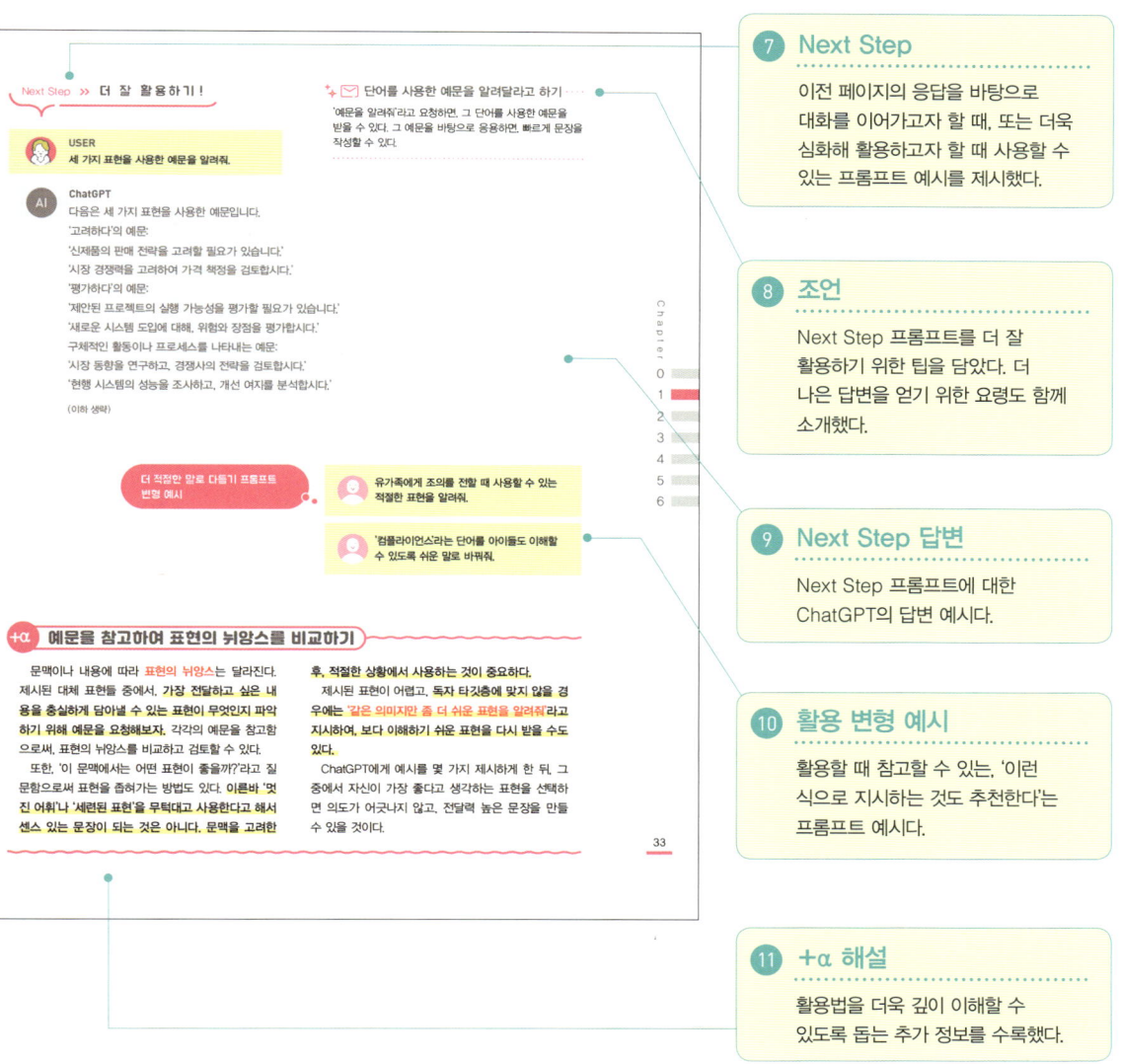

Contents

들어가며 3
이 책의 활용법 4

Chapter 0
ChatGPT의 기초

| 도입부 01 | AI와 OpenAI란 무엇인가? 12
| 도입부 02 | ChatGPT로 할 수 있는 일은 무엇인가? 14
| 도입부 03 | ChatGPT 가입 방법 16
| 도입부 04 | '프롬프트'란 무엇인가? 18
| 도입부 05 | 더 나은 답변을 얻으려면? 20
| 도입부 06 | "선생님"이 아니라 "어시스턴트"로 활용하기 22
| 도입부 07 | ChatGPT를 비즈니스에 활용할 때 주의할 점 24
| 도입부 08 | 플러그인(GPTs) 사용 방법 26
| column 0 | 앱 버전의 장점과 단점 28

Chapter 1
비즈니스 스킬 향상 활용법

| 활용법 01 | 문장을 교정해줘 30
| 활용법 02 | 더 나은 표현 방법을 알려줘 32
| 활용법 03 | 외국어 문장을 번역해줘 34
| 활용법 04 | 내가 쓴 문장을 평가해줘 36
| 활용법 05 | 항목별로 나열한 내용을 하나의 문장으로 만들어줘 38
| 활용법 06 | '다·이다' 체를 '입니다·습니다' 체로 고쳐줘 39
| 활용법 07 | 사과 메일의 초안을 작성해줘 40
| 활용법 08 | 부탁 메일의 초안을 작성해줘 42

활용법 09	감사 메일의 초안을 작성해줘	44
활용법 10	보고 메일의 초안을 작성해줘	46
활용법 11	글의 내용을 요약해줘	48
활용법 12	글의 내용을 표로 정리해줘	50
활용법 13	KJ 기법으로 항목을 분석하고 패턴을 찾아줘	52
활용법 14	대량의 데이터를 목적별로 분류해줘	54
활용법 15	복잡한 글의 요점과 논점을 알려줘	56
활용법 16	서류 템플릿을 작성해줘	58
활용법 17	작업 시간 배분을 계획해줘	60
활용법 18	작업 절차를 세분화해 정리해줘	62
column ❶	ChatGPT로 최신 정보 얻기	64

Chapter
2

대화 및 표현의 정확도 향상 활용법

활용법 19	영업 제안의 기본 구성을 작성해줘	66
활용법 20	프레젠테이션의 내용에 빠지거나 과한 부분이 없는지 점검해줘	68
활용법 21	고객에게 강조해야 할 내용을 정리해줘	70
활용법 22	제조 부품의 비교표를 작성해줘	72
활용법 23	프레젠테이션에 사용할 슬라이드 내용을 구상해줘	74
활용법 24	프레젠테이션 대본을 작성해줘	76
활용법 25	슬라이드의 디자인을 제안해줘	78
활용법 26	보도자료에 작성해야 할 내용을 알려줘	80
활용법 27	상품이나 서비스 정보를 바탕으로 보도자료를 작성해줘	82
활용법 28	문장에 논란이 될 위험이 없는지 확인해줘	84
활용법 29	회의 개최 안내 메일을 작성해줘	86
활용법 30	회의 자료를 작성해줘	88
활용법 31	회의록을 작성해줘	90
활용법 32	긴 설명문을 요약해줘	92
활용법 33	회의록에서 해야 할 작업을 정리해서 작성해줘	94

활용법 34	SNS에서 공지해야 할 내용을 생각해줘	96
활용법 35	SNS에서 눈에 띄기 쉬운 문장으로 바꿔줘	98
활용법 36	SNS 게시물에 해시태그를 추가해줘	99
활용법 37	구인 광고에 실을 모집 요강을 생각해줘	100
활용법 38	면접에서 사용할 질문 항목을 제시해줘	102
활용법 39	면접 지원자의 답변을 평가해줘	104
column ❷	플러그인으로 그래프 만들기	106

Chapter 3
아이디어 구상 활용법

활용법 40	기획서 초안을 작성해줘	108
활용법 41	상품명을 만들어줘	110
활용법 42	상품의 캐치프레이즈를 생각해줘	112
활용법 43	상품의 소개문을 작성해줘	114
활용법 44	세미나 개최 안내문을 작성해줘	116
활용법 45	기획에 추가할 아이디어를 제시해줘	118
활용법 46	기획 내용의 장점과 단점을 알려줘	120
활용법 47	ChatGPT끼리 토론시켜서 기획 내용을 검증하기	122
활용법 48	ChatGPT에게 고객의 입장에서 대화해달라고 하기	124
활용법 49	기사 제목을 지어줘	126
활용법 50	사보를 작성해줘	128
활용법 51	고객의 입장에서 상품을 리뷰하고 광고에 참고하기	130
활용법 52	설명문이나 기사 초안을 작성해줘	132
활용법 53	웹사이트의 FAQ를 고안해줘	134
활용법 54	대화 데이터로 그 사람의 대화 경향을 분석해줘	136
활용법 55	설문 항목을 구상해줘	138
활용법 56	설문 조사 결과를 통해 알 수 있는 경향을 분석해줘	140
활용법 57	웹사이트 제작용 코드를 작성해줘	142
column ❸	더 자연스러운 문장으로 만들기	144

Chapter 4
비즈니스 지식 보강 활용법

활용법 58	웹 브라우징 기능으로 최신 정보 얻기	146
활용법 59	고객의 행동 경향을 분석해줘	148
활용법 60	정보가 어떤 공식 자료에 실려 있는지 알려줘	150
활용법 61	상품 이용자의 페르소나를 생각해줘	152
활용법 62	상품 시장 규모를 알려줘	154
활용법 63	상품에 대한 고객 니즈를 알려줘	156
활용법 64	회사의 재무가 안정적인지 분석해줘	158
활용법 65	결산서 정보로 실적을 평가해줘	160
활용법 66	법률 문서를 요약해서 쟁점을 알려줘	162
활용법 67	법률 문서의 위험 요소를 알려줘	164
활용법 68	새로운 사업 아이디어를 제안해줘	166
활용법 69	새로운 사업을 실현하기까지 사업 계획을 세워줘	168
column ❹	플러그인 "SEO CORE AI"를 활용한 SEO 대응	170

Chapter 5
문제 대응 활용법

활용법 70	문제가 생겼을 때 관계자에게 전달할 사항을 알려줘	172
활용법 71	고객 불만 전화 응대를 위한 대본을 작성해줘	174
활용법 72	처음 진행하는 작업의 주의 사항을 알려줘	176
활용법 73	작업 매뉴얼을 작성해줘	178
활용법 74	고객 서비스 문제를 해결해줘	180
활용법 75	업무 운영에서 개선할 점을 알려줘	182
column ❺	Slack과 연동해 커뮤니케이션을 원활하게 하기	184

Chapter
6
기타 활용법

활용법 76	Excel로 쉽게 다룰 수 있게 텍스트 데이터를 정리해줘	186
활용법 77	목적에 맞는 Excel 함수를 알려줘	188
활용법 78	Excel 사용자 정의 함수를 만들어줘	189
활용법 79	업계에서 사용하는 전문 용어를 정리해줘	190
활용법 80	일에 지쳤을 때 격려해줘	192
활용법 81	리더로서 해야 할 일이 무엇인지 알려줘	194

부록	AI 활용 서비스 가이드	196
	ChatGPT 플러그인 가이드	206

Chapter 0

ChatGPT의 기초

도입부
01

AI와 OpenAI란 무엇인가?

1 AI는 인간의 지능을 재현하는 기술

AI는 'Artificial Intelligence'의 약자로, 한국어로는 '인공지능'이라 불린다. 이는 **프로그램을 이용해 인간의 사고 과정이나 정보 처리 능력을 인공적으로 재현하는 기술**을 말하며, 1950년대부터 연구와 개발이 이루어져 왔다. 구체적으로는, AI에게 지시를 내리면 학습한 데이터를 바탕으로 문제 해결을 위한 제안이나 의사 결정을 하는 방식이다. 오늘날에는 의료, 제조, 교육, 금융, 엔터테인먼트 산업 등 다양한 분야에서 AI 기술이 활용되고 있다. 그 결과, 작업의 효율화, 인력 부족 해소, 비용 절감, 사람의 실수 방지 등 여러 측면에서 기여하고 있다.

예를 들어 의료 분야에서는 AI가 엑스레이나 MRI 영상을 분석하여 질병의 발견이나 진단에 도움을 주고 있다.

또한 언어 처리 능력이 뛰어나 의무 기록 분석 등에도 폭넓게 활용되고 있다. AI는 비즈니스 현장뿐 아니라 엔터테인먼트 산업 등 창의적인 영역에서도 활약 범위를 넓혀가고 있다.

게임 분야에서는 2016년 Google의 **"AlphaGo"** 가 바둑 최정상급 기사인 이세돌 9단을 이긴 데 이어, 2019년에는 Microsoft의 마작 AI **"Microsoft Suphx"** 가 마작 온라인 대전 사이트 '텐호'에서 AI 최초로 10단에 도달한 것이 화제가 되었다.

음악 분야에서도 장르나 키를 지정하면 자동으로 작곡해주는 기술이 등장하면서, 누구나 음악을 만들 수 있는 시대가 열리고 있다.

2 AI가 활용되고 있는 산업 분야

AI가 사용되고 있는 산업의 예
의료	제조	소매	물류
건축	교육	금융	농업
외식	광고	부동산	엔터테인먼트
… 등

AI를 활용하면…
- 작업 효율화
- 인력 부족 문제 해소
- 비용 절감
- 실수 예방
- 정확도 높은 분석과 예측 가능

얻을 수 있는 이점이 많다!

3 AI 개발 기관인 'OpenAI'

'OpenAI'는 미국 샌프란시스코에 본사를 둔, 인공지능 기술에 특화된 비영리 연구 기관이자 AI 개발 기업이다.
2015년, 기업가 일론 머스크(Elon Musk)와 샘 올트먼(Sam Altman)이 비영리 단체로 설립했으며, 2019년 머스크는 방향성의 차이로 OpenAI를 떠났다. 올트먼이 대표로 취임하면서 '오픈AI LP(OpenAI LP)'라는 '이익에 상한을 둔 회사'를 설립하여 영리 기업으로의 전환을 선언했다.
OpenAI는 "AGI(범용 인공지능)가 인류 전체에 이익을 가져다줄 수 있도록 하는 것"을 목표로 삼고, 지속적으로 연구 및 개발 활동을 이어가고 있다.

4 자연스러운 대화를 할 수 있는 "ChatGPT"

이러한 OpenAI가 2022년에 출시한 AI 챗봇 서비스가 바로 "ChatGPT"다. GPT는 'Generative Pre-trained Transformer'의 약자로, Generative는 '생성하는', Pre-trained는 '사전 학습된', Transformer는 '변환기' 또는 '변환하는 모델'을 뜻하는 딥러닝 구조를 기반으로 한다. 이 모델의 가장 큰 특징은 사람처럼 자연스러운 언어로 대화할 수 있다는 점이다. 텍스트를 읽고 요약하거나, 이야기를 창작하고, 다양한 언어로 번역하는 등 고도의 언어 처리 능력을 지닌 AI 도구로 주목받고 있다.
2022년 11월, "GPT-3.5"를 기반으로 한 ChatGPT가 출시되자마자 큰 반향을 일으켰으며, 불과 2개월 만에 사용자 수가 1억 명을 돌파했다. 이후 2023년 3월에는 상위 모델인 "GPT-4"가 공개되는 등, ChatGPT는 지속적으로 진화하고 있다.
또한 이 과정에서 OpenAI는 ChatGPT의 'API'도 공개했다. API란 시스템 간 기능을 연동하는 기술로, 외부 기업들이 이를 통해 ChatGPT 기능을 탑재한 앱을 보다 쉽게 개발할 수 있게 된다. 이는 곧, 자연어 기반의 고도화된 대화 기능을 갖춘 애플리케이션이 우리 일상에 더욱 가까워질 수 있음을 의미한다. 실제로 스마트폰 앱인 LINE에서는 "AI 챗봇 군(チャットくん)"이라는 ChatGPT 기반 서비스를 선보였으며, 출시 한 달 만에 사용자 수 100만 명을 돌파하는 등 큰 인기를 얻고 있다.

OpenAI가 개발한 AI 챗봇 서비스 ChatGPT의 공식 사이트 첫 화면(https://openai.com/blog/chatgpt). 대화하듯 텍스트를 주고받으며 지시를 전달하면, 그에 따라 결과를 출력해준다

도입부
02
ChatGPT로 할 수 있는 일은 무엇인가?

1 ChatGPT의 특이점은 무엇인가?

ChatGPT는 고도의 **자연어 처리 기능**이 특징인 챗봇 도구다. 자동으로 대화를 수행하는 챗봇은 ChatGPT 등장 이전부터 활용되어 왔으며, 기업의 고객 지원 등에도 도입되어 있다. 그러나 기존의 챗봇은 미리 설정된 규칙에 따라 정해진 답변만을 제공하는 방식이었다. 한편, ChatGPT는 **사용자로부터 다양한 지시나 질문을 받았을 때, 그 문맥을 파악하여 유연한 응답을 제공할 수 있다.**

이러한 기능을 가능하게 한 것이 바로 **대규모 언어 모델**이라 불리는 구조다. 대규모 언어 모델은 인터넷상의 방대한 텍스트 데이터를 학습하여, 특정 단어나 구절이 입력되었을 때 그 다음에 어떤 단어가 올지를 확률적으로 예측할 수 있도록 설계된 것이다. 간단한 예를 들면, '옛날 옛적' 다음에는 '어느 마을에'라는 말이 올 확률이 높다는 식이다. ChatGPT는 인간처럼 언어를 이해하는 것은 아니지만, 이러한 확률 기반 처리로 마치 사람처럼 자연스러운 대화를 할 수 있다.

또한, **ChatGPT는 지속적인 개선을 통해 짧은 기간 내에 성능이 크게 향상되었다**는 점도 주목할 만하다. 최신 모델인 GPT-4를 미국의 변호사 시험 모의고사에 응시시킨 결과, 상위 10%에 해당하는 성적으로 합격 수준에 도달했다는 사실도 화제가 되었다.

2 ChatGPT의 뛰어난 점

뛰어난 점
- 방대한 데이터가 입력되어 있다.
- 지시에 대해 유연하게 판단하고 대응할 수 있다.
- 자연스러운 언어로 대화할 수 있다(학습 데이터 언어인 영어의 정확도가 높다).
- 다양한 언어를 지원하고 있다.
- 새로운 데이터를 학습시켜, 이를 바탕으로 새로운 정보를 생성할 수 있다.

3 ChatGPT로 할 수 있는 일은 무엇인가?

ChatGPT는 자연어 처리를 수행하는 도구로, 사용자의 활용 방식에 따라 다양한 작업을 할 수 있다. 질문에 대한 응답, 아이디어 제안, 기사나 이야기 작성, 문서 요약 및 번역, 프로그램 코드 생성 등 언어를 매개로 한 작업에 능숙하다. 물론 단순히 잡담을 즐기거나 고민 상담을 하는 것도 가능하다.

ChatGPT와의 대화에서 유용한 활용법 중 하나는, 해당 대화 기록 내의 이전 대화를 바탕으로 대화를 이어가는 것이다. 예를 들어, 'AI란 무엇인지 설명해줘'라는 요청에 대해 ChatGPT는 즉시 답변을 제공하지만, 그 답변이 기대와 다르거나 이해하기 어려운 경우가 있다. 그럴 때는 '더 쉽게 설명해줘'나 '후반부를 자세히 설명해줘'와 같이 요청을 다시 할 수 있다. 이처럼 **대화를 거듭함으로써, 출력 내용을 사용자의 바람에 가까운 형태로 조정해갈 수 있다.**

또한 유료 버전인 **"ChatGPT 플러스(ChatGPT Plus)"**를 이용하면 가능한 작업의 범위가 더욱 넓어진다. 이 버전에서는 상위 모델인 GPT-4를 선택할 수 있어 ChatGPT의 답변 정확도가 높아진다. 더불어 **플러그인(GPTs)**이라는 서비스를 활용함으로써, ChatGPT의 기능을 확장할 수 있다(사용 방법은 26~27쪽 참조).

단, ChatGPT는 API를 공개하고 있으므로 다른 도구에서도 ChatGPT의 기능을 사용할 수 있다. 예를 들어, Microsoft의 **"Bing AI Chat"**은 GPT-4를 기반으로 만들어진 도구로, 하루에 총 300회까지 대화를 무료로 이용할 수 있다. 게다가 ChatGPT(GPT-3.5)는 2023년 10월까지의 정보만을 포함하고 있지만, Bing은 본래 검색 엔진이다. 따라서 웹 검색을 통해 정보를 제공받을 수 있어, 최신 정보를 얻을 수 있다.

USER
AI란 무엇인지 간단히 설명해줘.

ChatGPT
AI(인공지능)란, 컴퓨터나 소프트웨어가 인간의 지적 활동을 모방하는 기술이나 연구 분야를 말합니다. 이에는 학습, 추론, 인식, 언어 이해 등이 포함됩니다.

USER
좀 더 쉽게 알려줘.

ChatGPT
물론입니다. AI(인공지능)란, 컴퓨터가 사람처럼 생각하거나 배우는 기술입니다. 사람이 할 수 있는 일이나 생각하는 것을 컴퓨터가 할 수 있도록 도와주는 도구 같은 것입니다.

도입부
03

ChatGPT 가입 방법

1 OpenAI 계정 생성 방법

ChatGPT를 이용하기 위해서는 우선 OpenAI 계정을 생성해야 한다. 계정 생성 시 유효한 이메일 주소와 메시지 수신이 가능한 전화번호가 필요하다.

그 외에도 Google, Microsoft, Apple 중 하나의 계정을 연동해 가입할 수도 있다. 이미 이 세 가지 계정 중 하나를 보유하고 있는 경우, 계정 연동으로 가입하는 방법이 더욱 간단하다. 또한 스마트폰의 애플리케이션에서도 같은 절차로 등록이 가능하다.

1 설정 열기

ChatGPT 사이트의 메인 페이지(https://openai.com/blog/chatgpt)에 접속한 후, [ChatGPT를 사용해보세요(Try ChatGPT)]를 클릭한다. 그러면 '로그인'과 '회원 가입' 두 가지 옵션이 표시되는데, 신규로 가입할 경우에는 '회원 가입'을 선택한다

2 이메일 주소 입력과 비밀번호 설정하기

계정 생성 페이지로 이동하면 우선 이메일 주소를 입력해야 한다. 이메일 주소를 입력하고 [계속]을 클릭하면, 비밀번호 설정 화면이 나타난다. 비밀번호는 8자 이상의 임의의 문자로 설정한다. 만약 Google, Microsoft, Apple 중 하나의 계정과 연동하여 가입할 경우, 이메일 입력 화면에서 원하는 계정을 선택하면 된다

3 이메일 주소 인증하기

비밀번호 설정을 마치면 입력한 이메일 주소로 인증 메일이 전송된다. 메일에 포함된 [이메일 주소 확인]을 클릭해 이메일 주소 인증을 마친다

4 이름과 전화번호 등록하기

'당신을 알려주세요'라는 화면이 나타나면 이름을 입력하고 [계속]을 클릭해 전화번호를 등록한다

5 전화번호 인증하기

입력한 전화번호로 메시지가 전송된다. 메시지에 기재된 6자리 인증 코드를 '코드를 입력하세요' 항목에 입력한다. 이로써 계정 등록이 완료된다

6 이용 시작하기

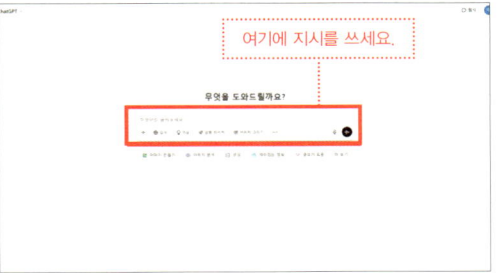

계정을 생성한 후에는 바로 ChatGPT를 이용할 수 있다. '무엇이든 물어보세요' 입력란에 텍스트를 입력한 후, 채팅창 오른쪽의 화살표 아이콘을 클릭하면 ChatGPT에 지시를 보낼 수 있다. 곧바로 ChatGPT가 답변을 해준다

도입부
04

'프롬프트'란 무엇인가?

1 좋은 결과를 이끄는 열쇠, 프롬프트

ChatGPT에 대해 조사하다 보면 '**프롬프트**'라는 용어를 자주 접하게 된다. '프롬프트(Prompt)'는 원래 '(동작을) 촉구하다'는 의미이며, **IT 분야에서는 시스템 조작 시 입력이나 처리를 유도하는 문자열 등을 가리킨다.**

ChatGPT에서는 텍스트를 자유롭게 입력할 수 있는 '무엇이든 물어보세요' 입력란이 바로 프롬프트이며, 여기에서 ChatGPT에게 지시를 내릴 수 있다. 사용자는 원하는 언어로 자유롭게 입력할 수 있으므로, 대화하듯 자연스럽게 지시를 줄 수 있다.

다만, 원하는 출력 결과나 정확도가 높은 응답을 얻기 위해서는 지시를 잘 짜는 것이 중요하다. 여기에서는 프롬프트를 작성할 때 유용한 몇 가지 팁을 정리했다.

❶ 지시를 명확하게 전달하기
지나치게 추상적인 문장이나 모호한 지시만으로는 기대한 결과를 얻기 어렵다. 지시는 명확하게 하자.

❷ ChatGPT의 역할을 지정하기
프롬프트에서 '**너는 ○○이야**'와 같이 ChatGPT의 **역할이나 관점을 미리 정해주면, 더 정확한 응답을 얻기 쉬워진다.**

❸ 조건을 세세하게 지정하기
'아이디어를 항목별로 10개 제시해줘', '○자 이내로 요약해줘' 등과 같이 **조건을 구체적으로 설정하면 출력 범위를 효과적으로 좁힐 수 있다.**

❹ 추가 프롬프트로 조정하기
동일한 대화창 내에서는 이전 대화 내용을 기억하고 반영할 수 있다. 출력된 결과에 대해 추가 질문을 하거나 수정 사항을 제시하면 원하는 방향으로 조정해갈 수 있다.

 USER
너는 프로 웹 작가야. 한국 공적 연금 제도에 대해 약 1000자 분량으로 설명하는 글을 작성해줘.

프롬프트의 예. 조건을 세세하게 설정하면 원하는 결과가 출력되기 쉽다

2 영어로 질문하여 답변의 정확도를 높이자

ChatGPT의 답변은 질문에 사용된 언어에 따라 정확도가 달라질 수 있다. 프롬프트에서 언어를 따로 지정하지 않으면, 입력한 프롬프트와 동일한 언어로 응답을 출력하지만, 일반적으로 영어로 대화할 때 가장 정확도가 높다고 알려져 있다.

그 이유는 ChatGPT가 학습한 데이터의 대부분이 영어 기반이기 때문이다. 따라서 영어로 질문할 경우, 보다 정확한 응답이 나올 가능성이 높아진다. 만약 한국어로 만족스러운 결과를 얻지 못했다면, 같은 내용을 영어로 다시 질문해보는 것이 좋다.

3 나쁜 프롬프트 예

사용자가 원하는 결과를 ChatGPT가 제대로 출력하지 못하는 프롬프트는 좋은 프롬프트라고 보기 어렵다. 사람과의 대화에서도 추상적인 질문에 답변하는 것이 어려운 것처럼, 인공지능에게도 모호한 지시는 처리하기 힘들다.

예를 들어, '좋은 회사란 뭘까?'라는 질문은 매우 단순하면서도 추상적인 질문이다. '좋은'이라는 표현에는 다양한 관점과 뉘앙스가 포함되어 범위가 지나치게 넓고, 명확한 답변을 제시하기 어렵다. 이럴 경우, '좋은 회사에 대해 재무 상태의 관점에서 설명해줘'와 같이 구체적으로 지시하면 건전한 경영을 하고 있는 회사의 조건 등을 제시해줄 수 있다.

또한, ChatGPT(GPT-3.5 기준)는 2023년 10월 이후의 정보를 학습하고 있지 않기 때문에(2025년 5월 기준), '최신 뉴스에 대해 알려줘'라는 요청에는 응답할 수 없다. 시사나 날씨 등 '현재'에 관한 질문은 무의미한 결과로 이어질 수 있다. 단, 사용자가 데이터를 제공하면 해당 데이터를 분석하는 것은 가능하다. ChatGPT에 데이터를 학습시키면, 그로부터 파악할 수 있는 정보를 바탕으로 ChatGPT가 응답을 제공할 수 있다.

ChatGPT의 특성을 이해하고, 가능한 한 구체적이고 명확한 질문이나 지시를 전달하는 것이 효과적인 활용의 핵심이다.

ChatGPT
죄송하지만, 제 데이터는 2023년 10월까지의 정보만을 포함하고 있어,
현재의 날씨 정보를 제공할 수는 없습니다.
날씨 정보는 매일 변하기 때문에 정확한 정보를 얻기 위해서는
날씨 예보 사이트나 앱을 이용하시는 것을 권장드립니다.
또한, 질문하신 지역이나 장소에 따라 다르기 때문에, 구체적인 장소를 알려주신다면
그 지역의 날씨 정보를 조사하는 데 도움을 드릴 수는 있습니다.
언제든 도와드릴 일이 있다면 말씀해주세요.

최신 날씨에 대해 질문했을 때의 ChatGPT의 응답. 정보를 얻을 수는 없지만, 정보 수집 방법에 대한 조언은 받을 수 있다

도입부
05

더 나은 답변을 얻으려면?

1 대화를 기억하는 ChatGPT

ChatGPT는 하나의 채팅 항목 내에서 이루어진 대화를 기억하며, 그 내용을 바탕으로 정보를 축적한다. 따라서 출력된 결과에 대해 지적하거나 수정 지시를 하면, 바로 직전의 응답 내용을 반영하여 새로운 결과를 생성할 수 있다.

이러한 특성을 활용하면, **여러 차례에 걸쳐 질문이나 지시를 반복하면서 자신이 원하는 결과에 점점 가까이 다가갈 수 있다.** 최초 출력에서 기대에 미치지 못하는 응답이 나오더라도, 몇 차례 수정 요청을 **반복함**으로써 점차 정확도를 높일 수 있다. 또한 ChatGPT를 **아이디어 회의**의 상대처럼 활용하며 대화를 이어가다 보면, 어떤 힌트를 얻을 수도 있다. 예를 들어, '이런 아이디어가 있는데 부족한 점은 뭐야?'라고 질문하면, **다른 시각에서의 아이디어를 제안받을 수 있다.** 아이디어에 대한 피드백을 받거나, 말로 표현하기 어려운 미묘한 뉘앙스를 설명해 언어를 만들도록 유도하면, 문제 해결을 위한 새로운 접근이나 아이디어를 심화하는 데 도움이 될 것이다.

다만, 대화를 너무 오래 이어가면 이전의 대화 내용을 잊어버리는 경우가 있으며, 그로 인해 지시한 조건이나 설정이 없어지는 일이 생길 수 있다. ChatGPT가 지시한 조건을 따르지 않는다고 느껴질 경우, 이전에 입력했던 조건이나 참조하고자 하는 출력 결과를 프롬프트에 포함시켜 다시 지시하는 것이 좋다.

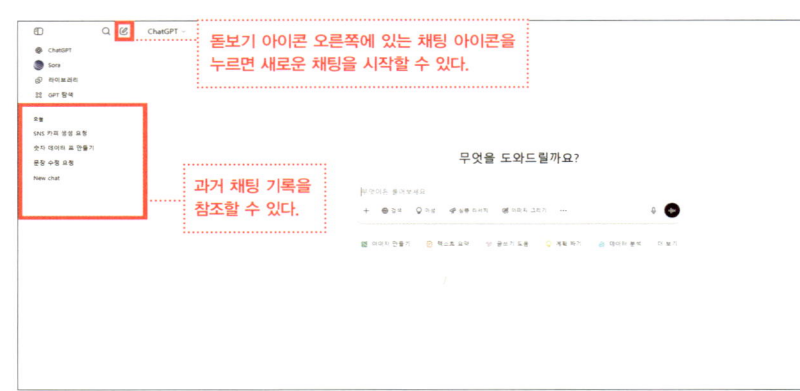

PC 버전의 경우 ChatGPT 채팅 화면 왼쪽에 기록이 남고, 과거 채팅 중 최대 20개 안에서 선택해 대화를 이어갈 수 있다

2 단계를 나누어 작업을 지시하기

ChatGPT에게 작업을 지시할 때는, **단계를 나누어 지시하는 것이 좋다.**
예를 들어 '다음 문장을 요약하고 번역해줘'라고 한 번에 지시하면, 요약과 번역이라는 두 가지 작업이 동시에 주어져 정확도가 떨어질 수 있다.

요약 → 번역처럼 **순차적으로 단계를 나누어 작업을 지시하면, 더 나은 결과를 얻을 가능성이 높아진다.** 작업을 지시할 때 사용하는 프롬프트는 최대한 간결하게 작성하는 것이 중요하다.

3 ChatGPT Plus는 이용할 가치가 있을까?

유료 버전인 ChatGPT Plus를 이용하면, GPT-4나 **플러그인(GPTs) 등의 기능을 사용할 수 있어 기능이 확장되고, 응답의 정확도도 향상되는 등 편의성이 높아진다.** 또한, 유료 버전에서는 주로 다음과 같은 기능을 이용할 수 있다.

- **이미지 인식을 할 수 있다.** 프롬프트 입력란에서 이미지를 첨부하거나 붙여넣기해 읽게 할 수 있으며, 이미지 내의 텍스트를 인식하게 할 수도 있다.

- **브라우징 기능인 "Browse with Bing"**을 사용할 수 있어, ChatGPT가 웹 검색을 하면서 정보를 제공할 수 있다.
- **고급 데이터 분석 기능**인 "Advanced Data Analysis"를 사용할 수 있어, Word나 Excel 등의 파일을 업로드해 읽게 할 수 있으며, Python 코드 실행이나 그래프 생성도 가능하다.
- **"DALL·E 3"을 사용할 수 있어** ChatGPT 내에서 **이미지 생성** 기능을 이용할 수 있다.

4 유료 버전의 추가 기능

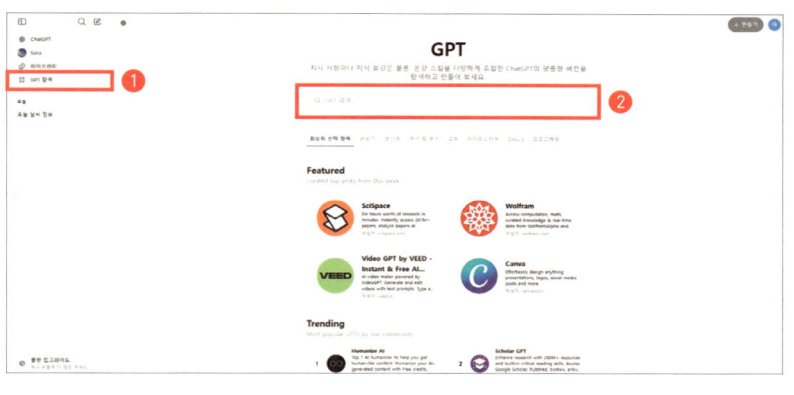

❶ 채팅 화면 좌측 상단의 'GPT 탐색' 항목을 선택한 뒤, 중앙의 'GPT 검색' 창에 "Advanced Data Analysis" 등 사용하고 싶은 플러그인(GPTs) 기능을 검색한 뒤 클릭한다
❷ 해당 기능의 페이지가 뜨면 [채팅 시작]을 클릭해 사용할 수 있다

도입부
06
"선생님"이 아니라 "어시스턴트"로 활용하기

1 ChatGPT를 최대한 활용하는 방법

ChatGPT를 사용하다 보면 뛰어난 기능과 편리함 덕분에 다양한 질문을 해보고 싶어진다. '○○에 대해 알려줘'와 같은 지식형 질문에도 무난히 응답하는 경우가 많다. 하지만 ChatGPT를 마치 **모든 것을 알고 있는 "선생님"처럼 생각해, 의존하는 방식은 바람직한 활용법이라고 할 수 없다.**

예를 들어, '○○을 주제로 캐치프레이즈를 15개 만들어줘', '포스터에 대한 시각적 아이디어를 제안해줘'와 같은 지시를 내리면 아이디어를 생성해주지만 그 품질이 충분하지 않아 그대로 활용하기 어려운 경우도 많다.

ChatGPT가 생성한 아이디어는 어디까지나 AI가 만들어낸 것이며, 출력된 결과는 참고용으로 받아들이고, 여기에 **자신만의 독창성을 더해 새로운 아이디어를 발전시키는 것이 중요하다.** 이처럼 ChatGPT는 어디까지나 작업 효율을 높이기 위한 도구라고 할 수 있다. 특히, 혼자서는 떠올리기 어려운 아이디어를 제시해주거나 반복적이고 복잡한 업무를 대신 맡길 수 있다는 점이 핵심이다. 이러한 점을 잘 활용하여 **ChatGPT를 "어시스턴트"로 삼으면, 업무의 범위와 효율, 품질이 향상될 것이다.**

또한 인간 어시스턴트와는 달리, ChatGPT는 몇 번이고 다시 일을 시킬 수 있다는 점이 특징이다. 지시를 내리면 언제든지 아이디어를 생성해주거나 출력 결과에 수정을 반복해서 반영해 줄 수 있다. 만족스러운 결과가 나올 때까지 프롬프트를 추가하며 조정할 수 있다는 점은, 대면 관계에서는 어렵지만 AI이기 때문에 가능한 부분이다. ChatGPT의 특성을 이해하고, 잘 활용해가는 것이 중요하다.

바람직한 활용법
- 다양한 아이디어를 받아 참고 자료로 삼는다.
- 데이터의 분석 및 정리를 맡긴다.
- 아이디어를 다듬고 개선한다.
- 만족할 때까지 출력을 반복한다.

바람직하지 않은 활용법
- 생성된 결과를 그대로 사용하고, 별도의 수정이나 변형을 하지 않는다.
- 사실 확인을 하지 않고, 생성된 정보를 그대로 믿는다.
- 처음 출력된 결과만 참고하고, 이후 확인이나 보완을 하지 않는다.

2 ChatGPT가 거짓말을 한다고!?

AI 도구를 사용할 때 주의해야 할 점 중 하나는 바로 '할루시네이션(Hallucination, 환각)' 현상이 나타날 수 있다는 것이다. '환각'이라는 단어는 원래 환상이나 착각을 의미하지만, AI에서의 환각은 사실과 다른 허구의 내용을 생성하는 현상을 뜻한다. 즉, AI가 엉뚱한 정보를 사실인 것처럼 말하는 경우가 있다는 뜻이다.

이러한 현상은 학습 데이터 자체에 오류가 있거나, 해당 정보에 대한 학습 데이터가 아예 존재하지 않는 경우, 혹은 응답을 생성하는 과정에서 관련 없는 정보들이 무작위로 결합되는 경우 등 다양한 원인으로 인해 생긴다. 현재로서는 이 **환각 현상을 완전히 피할 수는 없다.**

따라서 **ChatGPT의 출력 결과는 반드시 사람이 사실 확인을 해야 한다.**

이러한 이유로, 정확한 데이터를 바탕으로 조사해야 하는 경우에는 ChatGPT의 사용을 권장하기 어렵다.

다만, 21쪽에서 소개한 브라우징 기능을 활용하면 인터넷에서 최신 정보를 검색해 제공해주며 참고한 웹페이지의 링크도 함께 제시해준다. 하지만 인터넷의 정보라고 해서 모두 신뢰할 수 있는 것은 아니다. 따라서 AI 도구를 사용할 때는 반드시 충분한 사실 확인을 거쳐, 정보의 진위를 파악하고 신중하게 활용해야 한다.

USER
디자인을 배울 수 있는 한국의 책을 알려줘.

ChatGPT
디자인에 대해 배우기 위해 다음의 한국 책 몇 권이 참고가 될 수 있습니다.

1. 『디자인의 기본』 - 최유정
   디자인 사고에 대한 기본적인 이념과 접근 방식을 배우고 싶은 분께 추천하는 책입니다.
2. 『디자인의 원칙』 - 박재정
   디자인의 기본적인 원칙과 요소를 배우는 데 도움이 되는 책입니다.
   원칙에 기반한 디자인 사고방식을 이해할 수 있습니다.
3. 『그래픽 디자인의 기본』 - 백은아
   그래픽 디자인에 초점을 맞춘 책으로, 디자인의 기초부터 구체적인 기술까지 폭넓게 소개하고 있습니다.

ChatGPT의 환각 사례. 디자인을 배울 수 있을 것 같은 책이 출력되었지만, 실제로는 모두 존재하지 않는 책이다

도입부

07

ChatGPT를 비즈니스에 활용할 때 주의할 점

1 개인 정보 및 기밀 정보의 취급은 신중하게

기본적으로 ChatGPT는 사용자가 입력한 데이터를 축적하고, 그 데이터를 학습이나 성능 개선에 활용하고 있다. 따라서 프롬프트에 개인 정보나 기밀 정보를 입력하면, 해당 정보가 ChatGPT의 데이터베이스에 남게 된다. 이 정보가 학습에 활용될 경우, 의도치 않게 다른 사용자에게 노출되거나 잘못 사용될 가능성도 있다.

다만, ==대화 정보를 저장하고 싶지 않은 경우에는 설정 화면에서 '데이터 제어(Data controls)'를 선택하고, '모두를 위한 모델 개선'을 끄면 학습 및 개선을 위한 데이터 활용을 방지할 수 있다.== 이 설정을 하면 데이터베이스에는 정보가 남지 않지만, 대화 이력은 여전히 열람할 수 있으므로 미리 설정해두는 것이 좋다.

또한 OpenAI의 'What is ChatGPT?(ChatGPT란 무엇인가요?)' 페이지에서는 '특정 프롬프트를 삭제할 수 있나요?'라는 질문에 대해 "아니요, 기록에서 특정 프롬프트만 삭제하는 것은 불가능합니다. 대화 중에는 기밀 정보를 공유하지 마세요"라고 명시되어 있다. 따라서 프롬프트에 기밀 정보를 입력하는 것은 지양해야 한다.

만약 이미 기밀 정보를 입력한 경우, 계정을 삭제하면 대화 데이터도 함께 삭제할 수 있다. 그러나 삭제한 계정과 동일한 이메일 주소 및 전화번호로는 이후에 새로운 계정을 영구적으로 만들 수 없게 되므로 주의가 필요하다. 개인 정보나 기밀 정보를 다룰 때에는 반드시 신중하게 처리해야 한다.

1 설정 열기

채팅 화면 우측 상단, 프로필 아이콘을 클릭하면 창이 나타나 설정을 선택할 수 있다

2 '모두를 위한 모델 개선' 끄기

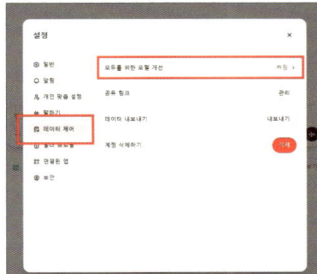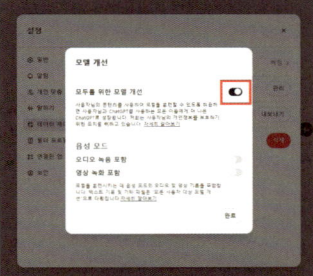

설정을 클릭해 다음과 같은 창이 뜨면, 창 왼쪽 메뉴에서 [데이터 제어]를 클릭한 뒤 '모두를 위한 모델 개선'을 끈다

2 유사한 아이디어가 없는지 확인하기

ChatGPT에서 출력된 결과는 **상업적 이용**이 가능하다. 이용 약관 제3장에는 **저작권**에 대한 내용이 명시되어 있다.

양 당사자 간에서, 해당 법률이 허용하는 범위 내에서 사용자는 모든 인풋(프롬프트에 입력한 내용)의 소유권을 가진다. 사용자가 본 약관을 준수하는 것을 조건으로, OpenAI는 아웃풋(ChatGPT의 답변)에 대한 모든 권리, 소유권 및 이익을 사용자에게 이전한다.
(As between the parties and to the extent permitted by applicable law, you own all Input. Subject to your compliance with these Terms, OpenAI hereby assigns to you all its right, title and interest in and to Output.)

즉, '프롬프트에 입력한 내용에 대한 저작권을 사용자가 보유하고 있는 경우, 출력 결과에 대한 권리와 그로 인해 생긴 이익도 사용자에게 귀속된다'는 내용이다. 단, 타인의 저작물을 학습시켜 생성된 출력물에 대해서는 사용자에게 권리가 없으며, 상업적 이용도 불가능하다.

또한 ChatGPT의 학습 데이터에는 실제 저작물이 포함되어 있을 가능성도 있고, 생성된 결과가 우연히 타인의 저작물이나 아이디어와 유사해질 수 있는 위험도 있다. 만약 사용자가 이런 유사성을 인지하지 못한 채 출력물을 사용하게 되면, 저작권 침해로 인한 법적 분쟁으로 이어질 수 있다. 따라서 ChatGPT의 출력 결과를 사용할 때는 저작권에 대한 충분한 이해가 필요하며, 유사한 사례가 없는지 사전에 확인하는 과정이 반드시 필요하다.

또한, 이와 같은 이용 약관 자체도 향후 개정될 가능성이 있기 때문에, ChatGPT가 생성한 문장이나 아이디어를 활용할 때는 늘 주의해야 한다.

도입부
08

플러그인(GPTs) 사용 방법

1 플러그인을 사용해보자

ChatGPT는 유료 버전인 ChatGPT Plus에서 다양한 추가 기능을 제공한다. 플러그인이란 '확장 기능'을 의미하며, ChatGPT의 기능을 확장해주는 외부 도구 또는 앱을 의미한다.

예를 들어, **ChatGPT 자체에는 이미지 생성 기능이 없지만, 이미지 생성이 가능한 플러그인을 활용하면 프롬프트로 지시하여 이미지를 만들 수 있다.**

하지만 2023년 11월, OpenAI는 기존 플러그인 기능을 GPTs로 통합할 것임을 공식적으로 발표했고, 2024년 말부터 사용자 UI에서 단계적으로 플러그인 기능이 삭제되기 시작했다. 따라서 여기서는 GPTs 사용법을 알아본다. GPTs(커스터마이징 GPT)는 사용자가 특정 목적에 맞게 맞춤화한 ChatGPT 버전으로, 별도의 훈련 없이 특정 기능을 사용할 수 있다는 장점이 있다.

❶ 화면 좌측 상단의 [GPT 탐색]을 클릭한다

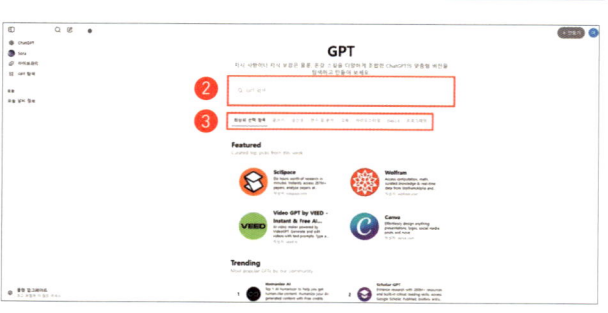

❷ 'GPT 검색'이 적힌 검색창에 키워드를 입력해 원하는 GPTs를 찾을 수 있다
❸ 주제별로 사용자가 많은 GPTs를 확인할 수 있다

④ 무료 디자인 툴인 "Canva"를 사용해보자

⑤ [채팅 시작]을 눌러 "Canva" GPTs를 시작한다

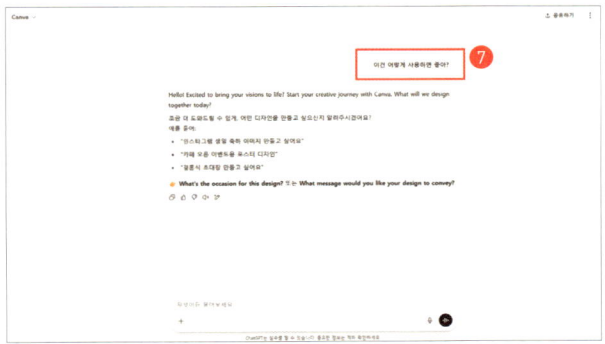

⑥ 사용 방법은 ChatGPT와 동일하다. 자유롭게 프롬프트를 입력해보자

⑦ 적절한 사용 방법을 GPTs에게 직접 물어볼 수도 있다

앱 버전의 장점과 단점

앱 버전의 장점

ChatGPT는 브라우저뿐만 아니라 스마트폰 앱으로도 출시되어 있어, 스마트폰만 있으면 누구나 간편하게 이용할 수 있다. 2025년 5월 기준, iOS 버전과 Android 버전 모두 제공되고 있다. 앱 버전의 가장 큰 장점은, 외출 중이거나 PC를 쓰기 어려운 상황, 출퇴근 시간이나 휴식 시간과 같은 짧은 틈새 시간에도 스마트폰으로 손쉽게 ChatGPT를 사용할 수 있다는 점이다. 또한, 이미 브라우저에서 ChatGPT를 사용하고 있는 경우에도 동일한 계정으로 앱과 연동하여 사용할 수 있기 때문에, 채팅 기록이 유지되며 중단한 작업을 이어서 계속할 수 있다.

게다가, 음성 인식 기능을 통한 입력도 스마트폰 앱만의 특징이다. 다른 작업을 하면서, 혹은 집안일을 하면서 한 손으로 간편하게 대화할 수 있다는 점도 스마트폰 앱의 큰 장점이라고 할 수 있다.

앱 버전의 단점

언제 어디서나 사용할 수 있다는 장점이 있는 반면, 사용 장소의 통신 환경에 따라 출력 지연이 발생할 수 있다는 단점도 있다. 따라서 Wi-Fi 환경이 잘 갖추어진 장소에서 사용하는 것이 바람직하다.

또한, 앱 자체가 스마트폰의 저장 용량을 차지하는 단점도 있다. 음악이나 게임 앱에 비하면 용량은 작지만, 채팅 기록이 누적되거나, 기기의 저장 공간이 적을 경우에는 주의가 필요하다.

계정 등록 방법

앱을 통한 계정 등록은 웹 버전과 큰 차이가 없다. [계정 생성] 버튼 클릭 후, 이메일 주소를 입력하고 비밀번호를 설정한다. 그 다음, 입력한 이메일 주소로 전송된 인증 메일의 URL을 열고, 이름과 생년월일을 입력한 후, SMS 인증을 마치면 등록이 완료된다.

또한, Google이나 Microsoft 계정 등으로도 가입이 가능하므로 자신에게 맞는 등록 방식을 선택하면 된다.

앱 버전 ChatGPT의 채팅 화면 메시지 입력란에 프롬프트를 입력하고, 우측의 ↑버튼을 눌러 지시를 보낸다. ↑버튼 왼쪽에 있는 마이크 모양 아이콘을 누르면 음성 입력도 가능하다

Chapter 1

비즈니스 스킬 향상 활용법

Scene // 문서 작성　　　　　　　　　　　　　　#글작성　　#기사 · 블로그

활용법  문장을 교정해줘

POINT

① 교정 시 주의해야 할 점 명확히 적기
② 교정 요청 지시
③ 원문 입력

 USER
다음 문장을 의미를 바꾸지 말고 교정해줘.
①　　　　　　　②

③
신서비스 'PocketConnect'는 사용자는 저렴한 비용으로 고속 인터넷 연결을 이용할 수 있게 하며, 전 세계에서 끊김 없는 통신 환경을 실현. 데이터의 프라이버시와 보안도 보장된다.
또한, 유연한 요금제와 뛰어난 고객 지원도 제공하여 사용자의 니즈에 부응할 수 있습니다.
모든 사용자에게 신뢰할 수 있는 이동통신 서비스의 새로운 기준이 될 것입니다.

 ChatGPT
신서비스 'PocketConnect'는 사용자는 저렴한 비용으로 고속 인터넷 접속을 이용할 수 있으며, 전 세계에서 끊김 없는 통신 경험을 제공합니다. 독자적인 기술을 통해 통신 속도 향상과 안정성을 실현하고, 데이터의 프라이버시와 보안도 보장됩니다. 또한, 유연한 요금제와 뛰어난 고객 지원을 제공하여, 사용자의 니즈에 부응할 수 있습니다. PocketConnect는 모든 사용자에게 신뢰할 수 있는 모바일 서비스의 새로운 기준이 될 것입니다.

Next Step » 더 잘 활용하기!

✦ ✉ **수정된 부분을 알려달라고 요청하기**
문장의 어떤 부분이 수정되었는지 알려달라고 해서, 수정된 내용을 정확히 파악해두자.

USER
어떤 부분을 수정했는지 구체적으로 알려줘.

ChatGPT
수정된 문장:
신서비스 'PocketConnect'는 사용자는 저렴한 비용으로 고속 인터넷 접속을 이용할 수 있으며, 전 세계에서 끊김 없는 통신 경험을 제공합니다. 독자적인 기술을 통해 통신 속도 향상과 안정성을 실현하고, 데이터의 프라이버시와 보안도 보장됩니다. 또한, 유연한 요금제와 뛰어난 고객 지원을 제공하여 사용자의 니즈에 부응할 수 있습니다. PocketConnect는 모든 사용자에게 신뢰할 수 있는 모바일 서비스의 새로운 기준이 될 것입니다.

수정된 부분은 다음과 같습니다:
'사용자는'→'사용자가'로 수정했습니다.
'실현'→'실현하고'로 수정했습니다.
'도 보장합니다'를 추가했습니다.
'된다'→'됩니다'로 수정했습니다.

(이하 생략)

기획안, 매뉴얼, 고객 안내문 등 업무 중 짧은 문장을 작성해야 하는 상황은 자주 발생하지만, 그때마다 누군가에게 **교정**을 부탁하는 것은 번거로운 일이다. 이럴 때는 ChatGPT에게 '**교정해줘**'라고 지시하고, 교정을 원하는 문장을 입력해보자. 그러면 **오탈자나 부적절한 표현을 수정해준다.**

다만, ChatGPT의 교정은 사용자가 의도를 담아 선택한 표현을 다른 표현으로 바꾸는 경우가 있다. 이럴 때는 **프롬프트에 '문장의 의미는 바꾸지 말 것', '오탈자만 수정해 줄 것'**이라고 명확히 지시하면, 보다 자신이 원하는 문장에 가까운 결과를 얻을 수 있다.

+α 수정된 부분을 파악하여 향후 글 작성에 활용

수정된 부분을 구체적으로 알고 싶은 경우, '**수정된 부분을 구체적으로 알려줘**'라고 지시하면, 수정 사항을 항목별로 정리해준다. 수정된 부분을 파악해두면, 교정 전·후 어느 쪽을 채택할지 검토할 때 매우 유용하다.

이때 '**구체적으로 알려줘**', '**항목별로 알려줘**' 등의 지시를 추가하지 않으면, 단순히 교정 전과 후의 문장을 나란히 출력해버리는 경우가 있으므로, 그 점도 빠뜨리지 말고 함께 지시하자.

또한, 단순히 수정된 부분을 묻는 것뿐만 아니라, 추가 프롬프트로 어조를 조정하거나, 교정 조건을 다시 전달하는 등의 방식을 활용하면 더 높은 품질의 문장을 작성할 수 있다.

추가로, 초기 원고에 주어가 불분명해 보이는 문장이 있다면 ChatGPT 교정 시 유의해야 한다. ChatGPT가 주어가 없으면 문장이 성립되지 않는다고 판단해 주어를 추가했는데, 그 주어가 틀렸다면 문장의 의미가 완전히 달라질 수 있기 때문이다. 따라서 **교정된 원고는 한 번쯤 읽어보거나, 수정된 부분을 반드시 확인하는 것이 좋다.**

Scene // 문서 작성   #아이디어 도출   #생각의 힌트

활용법 02

더 나은 표현 방법을 알려줘

POINT

① 문장 용도 명확히 적기
② 개선하고 싶은 표현 지정
③ 표현 방식 수정 지시

USER
회의록에서 사용할 때, '검토하다'라는 말보다 적절한 표현 방법을 알려줘.

ChatGPT
1. '검토하다' 대신 '고려하다'를 사용할 수 있습니다.
   '고려하다'는 의사 결정이나 논의 중에 요소나 관점을 생각하는 것을 나타내는 표현입니다.
2. '검토하다' 대신 '평가하다'를 사용할 수도 있습니다.
   '평가하다'는 특정 제안이나 안건을 분석하고, 장점과 단점을 나누어 생각하는 행위를 의미합니다.
3. '검토하다' 대신 '검증하다'나 '조사하다' 등의 구체적인 활동이나 프로세스를 나타내는 단어를 사용할 수 있습니다.

요약문이나 기획서를 작성할 때, **좀 더 그 상황에 알맞은 표현 방식**으로 바꾸고 싶어 고민하는 경우가 있을 것이다. 이럴 때는 **'상황에 맞는 더 나은 표현 방법을 알려줘'**라고 지시하면, 몇 가지 대체 가능한 **유의어**나 **유사한 표현**을 출력해준다. 사용할 상황이 정해져 있다면, 그것을 구체적으로 전달하자. **TPO(시간·장소·상황)에 맞는 적절한 표현을 제시해준다.**

Next Step » 더 잘 활용하기!

✉️ **단어를 사용한 예문을 알려달라고 하기**

'예문을 알려줘'라고 요청하면, 그 단어를 사용한 예문을 받을 수 있다. 그 예문을 바탕으로 응용하면, 빠르게 문장을 작성할 수 있다.

USER
세 가지 표현을 사용한 예문을 알려줘.

ChatGPT
다음은 세 가지 표현을 사용한 예문입니다.
'고려하다'의 예문:
'신제품의 판매 전략을 고려할 필요가 있습니다.'
'시장 경쟁력을 고려하여 가격 책정을 검토합시다.'
'평가하다'의 예문:
'제안된 프로젝트의 실행 가능성을 평가할 필요가 있습니다.'
'새로운 시스템 도입에 대해, 위험과 장점을 평가합시다.'
구체적인 활동이나 프로세스를 나타내는 예문:
'시장 동향을 연구하고, 경쟁사의 전략을 검토합시다.'
'현행 시스템의 성능을 조사하고, 개선 여지를 분석합시다.'

(이하 생략)

더 적절한 말로 다듬기 프롬프트 변형 예시

유가족에게 조의를 전할 때 사용할 수 있는 적절한 표현을 알려줘.

'컴플라이언스'라는 단어를 아이들도 이해할 수 있도록 쉬운 말로 바꿔줘.

+α 예문을 참고하여 표현의 뉘앙스를 비교하기

문맥이나 내용에 따라 **표현의 뉘앙스**는 달라진다. 제시된 대체 표현들 중에서, **가장 전달하고 싶은 내용을 충실하게 담아낼 수 있는 표현이 무엇인지 파악하기 위해 예문을 요청해보자.** 각각의 예문을 참고함으로써, 표현의 뉘앙스를 비교하고 검토할 수 있다.

또한, '이 문맥에서는 어떤 표현이 좋을까?'라고 질문함으로써 표현을 좁혀가는 방법도 있다. **이른바 '멋진 어휘'나 '세련된 표현'을 무턱대고 사용한다고 해서 센스 있는 문장이 되는 것은 아니다. 문맥을 고려한** 후, 적절한 상황에서 사용하는 것이 중요하다.

제시된 표현이 어렵고, **독자 타깃층에 맞지 않을 경우에는 '같은 의미지만 좀 더 쉬운 표현을 알려줘'라고 지시하여, 보다 이해하기 쉬운 표현을 다시 받을 수도 있다.**

ChatGPT에게 예시를 몇 가지 제시하게 한 뒤, 그 중에서 자신이 가장 좋다고 생각하는 표현을 선택하면 의도가 어긋나지 않고, 전달력 높은 문장을 만들 수 있을 것이다.

Scene // 문서 작성　　　　　　　　　　　　　　#글작성　#시간절약

활용법

외국어 문장을 번역해줘

POINT

① 번역할 언어 지정
② 번역 지시
③ 원문 입력

USER
다음 문장을 <u>한국어로</u> <u>번역해줘.</u>
　　　　　　　①　　　　②

Provides customized AI-based weekly menu plans based on the user's tastes and preferences. It includes ordering and delivery of food items, making it easy to enjoy healthy, well-balanced meals. Advice from a nutritionist is also provided to help improve dietary habits. It also contributes to the reduction of food loss.

ChatGPT
한국어로 번역하면 다음과 같습니다.

사용자의 취향과 선호에 맞춰 커스터마이즈된 AI 기반의 주간 메뉴 플랜을 제공합니다.
식재료 주문과 배달도 포함되어 있어, 건강하고 균형 잡힌 식사를 즐기는 것이 쉽습니다. 영양사의 조언도 제공되어 식사 습관 개선을 지원합니다.
또한, 음식물 쓰레기 절감에도 기여합니다.

Next Step » 더 잘 활용하기!

✉ 비즈니스용 글로 바꾸기
번역된 글의 문체를 수정할 수도 있다. 비즈니스 용도로 사용하려는 경우, 그 점을 알려주면 된다.

USER
번역된 내용을 비즈니스용 문장으로 고쳐줘.

ChatGPT
당사는 고객의 취향과 요구에 맞춰 커스터마이즈된 AI 기반의 주간 메뉴 플랜을 제공합니다.
서비스에는 식품 주문과 신속한 배달도 포함되어 있어, 건강하고 균형 잡힌 식사를 쉽게 즐기실 수 있습니다.
또한, 영양사의 조언에 기반한 식사 습관 개선을 지원합니다.
당사의 서비스는 음식물 쓰레기 절감에도 기여하며, 지속 가능한 비즈니스의 일환으로 높은 평가를 받고 있습니다.

프롬프트에 문장을 입력하고, '**번역해줘**'라고 지시하면, ChatGPT를 사용하여 번역을 진행할 수 있다.
다만, 업무에서 다루는 문서는 정확성이 요구되므로, 전문 용어가 적절히 사용되었는지, 내용이 제대로 번역되었는지, 내용을 이해한 사람이 확인해야 한다.

따라서, 문서를 이해하기 위한 참고용으로 사용하는 것이 주된 용도가 될 것이다.
또한, 한국어로 작성된 문장을 영어로 번역하는 것도 가능하다.

+α 읽는 사람에 따라 문체 조정하기

ChatGPT에는 있고 다른 **번역 도구**에는 없는 강점은, 말투를 설정할 수 있다는 점이다. 한국어를 영어로 번역할 때 '**비즈니스용 문장으로 해줘**'라고 지시하면 격식 있는 영어 표현이 나올 것이고, 반대로 구어체 표현으로도 바꿀 수 있다. 상황에 맞게 적절히 조정하면 좋다.

또한, 번역 툴은 언어의 제약이 있지만, ChatGPT는 많은 언어를 지원한다.
'**일본어로**', '**이탈리아어로**' 등의 언어 지시만으로 번역이 가능하므로, **동일한 문장을 여러 언어로 작성할 때 유용하다**. 모든 언어에 대응하는 것은 아니지만,

주요 언어로는 영어, 스페인어, 프랑스어, 독일어, 이탈리아어, 포르투갈어, 중국어(간체), 러시아어, 한국어, 일본어, 아랍어 등이 있다.

다만, ChatGPT에게 가장 특화된 언어는 영어로, 주로 영어를 다루도록 개발되었다. 정확도를 원하면 영어로 사용하는 것이 좋다.

또한, 높은 정확도를 제공하는 다른 번역 툴 중 하나인 "**DeepL**"이 있다. DeepL을 사용해 번역을 진행하고, **ChatGPT의 출력 결과와 비교하여 단어와 표현 차이, 문장의 정확성을 확인하는 것도 좋은 방법이다**.

Scene // 문서 작성   #평가·비평   #조언 부탁하기

활용법

내가 쓴 문장을 평가해줘

P
POINT

① 문장의 용도를 제시
② 평가 진행 지시
③ 원문 입력

USER
다음은 <u>서비스 소개문</u>①이야. 문장을 <u>평가해줘</u>②.

③ PocketConnect는 모바일 서비스에 혁신을 가져옵니다. 당사의 독자적인 기술을 통해, 통신 속도의 향상과 안정성을 추구하며, 데이터 보안도 완벽하여 안심하고 인터넷을 즐기실 수 있습니다. 이 서비스는 저렴한 비용으로 고속 인터넷 연결을 제공하며, 전 세계에서 원활한 통신을 실현합니다.

ChatGPT
이 문장의 평가는 다음과 같습니다:
이 소개문은 PocketConnect라는 모바일 서비스에 대해 그 특징과 이점을 명확하게 설명하고 있습니다. 저렴한 비용으로 고속 인터넷 연결을 제공하며, 전 세계에서 원활한 통신을 실현한다고 언급하고 있습니다. 또한, 통신 속도 향상과 안정성, 데이터 보안에도 집중하고 있다는 점이 드러납니다. 전체적으로 이 서비스가 사용자의 요구를 고려하여 고속이고 안정적인 인터넷 연결을 제공한다는 점을 쉽게 전달하고 있어, 우수한 문장으로 평가됩니다.

Next Step » 더 좋게 만들기!

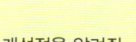 글의 개선점을 물어보기

평가를 바탕으로 더 좋은 글로 만들기 위한 수정점을 물어보자.

 USER
문장을 더 이해하기 쉽도록 개선점을 알려줘.

 ChatGPT
다음은 소개문의 개선점 몇 가지입니다:
현재 문장에서는 PocketConnect가 어떤 혁신을 가져오는지에 대한 구체적인 설명이 없습니다. 서비스가 제공하는 혁신적인 기능이나 기술을 명확하게 제시함으로써, 독자에게 더 구체적인 이미지를 제공할 수 있습니다.

1. 장점 구체화: 고속 인터넷 연결이나 원활한 통신이라는 장점이 언급되고 있지만, 이러한 장점을 뒷받침할 수 있는 구체적인 사례나 데이터를 추가하면 신뢰성을 높일 수 있습니다.
2. 독창성 강조: 당사의 독자적인 기술로 통신 속도 향상과 안정성을 추구한다고 언급하고 있으나, 그 독창성이나 다른 기업과의 차이에 대한 정보가 부족합니다. 다른 회사와의 차별화된 특징을 강조함으로써 경쟁력을 강화할 수 있습니다.
3. 고객 지원 강조: 24시간 대응하는 고객 지원 서비스가 훌륭하지만, 그 지원의 질이나 방법에 대해서도 언급하면 독자에게 신뢰감을 줄 수 있습니다.

이러한 개선점을 고려하면 더 매력적인 소개문을 작성할 수 있습니다.

글을 생성한 후에는 사람에게 보여주기 전에 전체적인 의미가 제대로 전달되는지 확인하는 것이 중요하다. **ChatGPT는 의미가 통하는지, 의도한 바가 정확하게 전달되었는지 확인할 때 활용할 수 있다.** '글을 평가해줘'라는 지시와 함께 글을 입력하면, 글 전체에 대한 평가를 해준다.

단순한 교정과 다른 점은, 내용 자체가 유용한지, 뛰어난지와 같은 **내용 평가**까지 해준다는 점이다.

+α 평가를 바탕으로, 더 알기 쉽게 만들기

평가를 듣고 나서, '**개선점을 알려줘**'라는 프롬프트를 추가하면 개선점을 도출할 수 있다. **제시된 개선점을 바탕으로 글을 수정하고, 그 글을 다시 ChatGPT에 평가받는 것도 가능하다.** 또한, 직접 수정하지 않고 '**글을 더 낫게 만들어줘**'라고 지시하면 ChatGPT가 직접 개선된 문장을 출력해준다.

또한, '**○○라는 의도로 쓴 글인데, 의도가 전달돼?**'라고 물어볼 수도 있고, '**더 전달력 있게 글 전체의 구성을 다시 봐줘**'라고 하면 그에 맞게 구성된 글을 출력해준다.

Scene // 문서 작성   #글작성   #시간절약

활용법

항목별로 나열한 내용을 하나의 문장으로 만들어줘

USER
다음의 항목들을 회의 자료에 사용할 수 있는 문장으로 정리해줘.
① ②

③
- 지난 달부터 신규 계약 수가 감소함
- 경쟁 서비스 출시가 원인
- 요금 설정 개정, 신규 타깃 검토 필요

POINT
① 문장 사용 목적 먼저 밝히기
② 글머리표 형식을 문장으로 바꿔달라고 지시
③ 바꿀 글머리표 항목 명확히 적기

ChatGPT
다음은 회의 자료에 사용할 수 있도록 정리한 문장입니다:
1. 지난 달에 비해 신규 계약 수가 정체되고 있습니다.
2. 경쟁 서비스의 출시가 영향을 미친 가능성이 있습니다. 이에 대응하기 위한 방안을 검토할 필요가 있습니다.
3. 시장 경쟁력을 유지하기 위해 요금 설정의 개정과 새로운 타깃의 검토가 필요합니다.

취재나 회의 후에는 아이디어의 목록이나 메모를 **하나의 글로 정리**하는 작업이 생긴다. 프롬프트에 글로 만들고 싶은 소재와 지시를 입력하면, 제공한 항목이나 메모가 글로 출력된다.
또한, ChatGPT에서는 출력된 글이 목록이나 메모 항목 순서대로 구성되므로, **작성된 글이 적절하지 않다고 느낄 경우 항목을 바꿔서 다시 출력하는 것이 좋다.** 글을 사용할 목적이나 타깃층을 입력하면, **이에 적합한 글을 작성할 수 있다.**

글머리 기호를 문장으로 바꾸기 프롬프트 변형 예시

'입니다' 체의 문장을 '이다' 체의 문장으로 바꿔줘.

고객에게 보내는 메일 문장으로 고쳐줘.

Scene // 문서 작성   #글작성 #시간절약

활용법 **06**

'다·이다' 체를 '입니다·습니다' 체로 고쳐줘

USER
다음 문장을 '입니다·습니다'① 체로 수정해줘.②

③ 지금까지의 서비스 플랜을 재검토하고, 요금제를 3개로 늘렸다. 또한, 타깃층을 넓히기 위해 서비스 내용도 개정했다. 신서비스는 8월 1일부터 시행된다.

POINT
① 문체를 존댓말로 설정
② 문장 수정 지시
③ 수정할 문장 입력

ChatGPT
'입니다·습니다' 체로 교정하겠습니다:
지금까지의 서비스 플랜을 재검토하고, 요금제를 3개로 늘렸습니다. 또한, 타깃층을 넓히기 위해 서비스 내용도 개정했습니다. 신서비스는 8월 1일부터 시행됩니다.

놓치기 쉬운 **문체의 조정**을 할 수 있다. 하지만 위의 ChatGPT 답변 예시처럼 **약간 부자연스러운 부분이 발생할 수 있으므로, 어색하지 않도록 다시 조정하는 작업이 필수적이다.** 또한, '다·이다 체로 변환'만을 지정하면 실패하는 경우가 많다. '~이다, ~이었다, ~다, ~했다'와 같은 **문장 끝의 표현을 지정하면 비교적 정확하게 출력된다.** 또한 '**신문 스타일로**', '**뉴스 캐스터처럼**'과 같은 **문체의 특징을 예시로 제시**하는 것도 효과적이다.

문장 끝 표현의 프롬프트 변형 예시

 문장 끝 표현의 일관성을 맞춰줘.

 신문 기사 형식으로 문체를 바꿔줘.

Scene // 이메일 연락　　　　　　　　　　　　　　#글작성　　#시간절약

활용법
07　사과 메일의 초안을 작성해줘

POINT
① 사과할 대상과 톤을 설정
② 실수한 사항 적기
③ 향후 대응 계획 작성

USER
다음 내용을 바탕으로 ①상사에게 사과문을 작성해줘.
②오늘 저는 전철의 지연으로 인해 30분 늦게 출근했습니다. 회사의 동료들에게 불편을 끼쳐드린 점 사과드리고 싶습니다. ③앞으로는 더 일찍 집을 나서도록 하겠습니다.

ChatGPT
제목: 오늘의 지각에 대한 사과와 향후 개선 방안에 대해
저의 지각으로 인해 불편을 끼쳐드린 점 사과드립니다.
오늘 전철의 지연으로 인해 30분 늦게 출근하게 되었습니다.
그로 인해 여러분께 불편을 끼쳐드린 점 깊이 사과드립니다.
앞으로는 여유를 가지고 집을 나서고, 교통 정보를 더욱 신중히 확인하여 지연 가능성을 사전에 파악하도록 하겠습니다.
다시 한번, 불편을 끼쳐드린 점 사과드립니다.

비즈니스 현장에서 피할 수 없는 것이 **'사과 이메일'**이다. 반성하고 있다고 해서 무겁게 사과의 말을 반복하면, 상대에 따라서는 공손한 듯 무례하게 들릴 수 있다.
그러므로 **상대가 누구인지, 얼마나 강한 톤으로 사과할지를 ChatGPT에게 전달하자.** 또한, 실수를 어떻게 받아들이고 있는지, 재발 방지를 위해 어떤 조치를 취할 것인지, 이 두 가지를 과하지 않게 전달해야 한다.

Next Step >> **더 좋게 만들기!**

 **사과의 정도를 조정하기**

회사 내 선배나 팀 리더 등 일정 부분 가까운 관계일 경우, 실수의 정도에 비해 사과 표현이 너무 무겁다고 느껴지면, '조금 더 ~해줘'라고 톤을 조정하자.

USER
조금 더 친근한 느낌이 나도록 문장을 바꿔줘.

ChatGPT
제목: 오늘 지각에 대한 사과와 향후 개선 방안

오늘 전철의 지연으로 30분 늦게 출근하게 되었습니다.
정말 죄송합니다.
모두에게 불편을 끼쳐드린 점 진심으로 반성하고 있습니다.
업무나 일정에 영향을 미쳤을지도 모른다고 생각하니, 매우 마음이 무겁습니다.
이번 일을 계기로 시간 관리의 중요성을 다시 한번 느꼈습니다.
앞으로는 더 일찍 집을 나서도록 노력하고, 교통 상황이나 예상치 못한 문제에 대응할 수 있는 방법을 고려해보겠습니다.
저는 모두에게 신뢰받는 존재가 되고 싶기 때문에, 앞으로 더욱 신경 쓰고 최선을 다하겠습니다.
마지막으로, 지각으로 인해 모두에게 불편을 끼쳐드린 점 진심으로 사과드립니다.

사과 이메일 프롬프트 변형 예시

 중요한 거래처에 납기 지연에 대한 사과 이메일을 작성해줘.

 지난 업무 지연에 대해 가볍게 사과한 후 본론으로 들어가는 이메일 문장을 작성해줘.

+α 파악과 문제 해결을 별도로 진행

사과 이메일을 보내는 일은 마음이 무겁지만, 늦어질수록 상대방의 분노와 불안이 커진다. 따라서 신속해야 하지만, 한편으로는 **'감정', '상황 파악', '문제 해결' 세 가지를 포함하여 글을 구성해야 하는** 번거로운 이메일이라고 할 수 있다.

프롬프트를 반복하며 사과의 강도를 조정하고, 향후 대응에 관한 글의 완성도를 높여가는 데는 시간이 많이 걸린다. 상황이 심각할 경우, **ChatGPT가 별도로 작성한 문제 해결 방안과 사과 이메일과 합쳐서 보**내는 것도 하나의 방법이다.

이때, **'사과하는 문장을 몇 개 제시해줘'**라고 요청하여 제시된 문장을 앞뒤로 조합해 이메일을 작성하는 것도 좋다.

여러 번 **'진심으로 죄송합니다'**를 반복하는 것이 지루하지 않은지, 다른 표현이 없는지 고민하는 사람들도 있을 것이다. 그런 사람들은 이 방법을 활용하는 것만으로도 사과 이메일 작성의 정확도를 높일 수 있다.

Scene // 이메일 연락   #글작성 #시간절약

활용법

부탁 메일의 초안을 작성해줘

POINT

① 부탁할 때의 톤 지정
② 부탁할 상대 지정
③ 부탁 내용 제시

 USER
다음의 내용을 바탕으로 업무를 부탁하는 메일을 <u>정중한 문체</u>①로 작성해줘.
<u>상사에게</u>② <u>회의에서 사용할 문서 데이터를 확인</u>③해달라고 의뢰하는 내용이야.

 ChatGPT
제목: 회의에서 사용할 문서 데이터 확인 부탁드립니다
[상사의 이름]님
회의에서 사용할 문서 데이터 확인을 부탁드리고자 합니다.
[문서의 내용이나 목적]에 관련된 데이터를 확인해주실 수 있을까요?
특히, [중요한 포인트나 확인해야 할 항목]에 대해 검토해주시면 감사하겠습니다.
회의 시간이 다가오고 있어, 신속한 답변을 주시면 큰 도움이 되겠습니다.
혹시 질문이나 의문 사항이 있으시면 언제든지 말씀해주세요.
바쁘신 와중에 이런 부탁을 드려 죄송합니다.
부디 협조해주시기를 부탁드립니다.

주변 사람에게 일을 **부탁**할 때는 상대의 얼굴색을 살피거나 기분을 상하게 하지 않도록 신경 쓰는 상황이 자주 생길 것이다.
그때마다 정중하게 긴 부탁의 말을 쓰다 보면 비효율적일 뿐만 아니라, 상대(이메일의 독자)의 업무를 방해할 수 있다. 입장이나 부탁의 정도에 맞게 ChatGPT에게 **이메일 초안을 작성하게 하면, 이메일 작성 시간을 줄일 수 있다.**

Next Step >> 더 좋게 만들기!

USER
조금 더 짧고 간결한 문장으로 만들어줘.

✨📧 **지금보다 더 간결한 문장으로 만들기**
업무가 바쁠 때 긴 부탁 이메일은 요점이 불분명해져 상대방을 짜증나게 할 수 있다. '조금 더 간결하게 해줘'라고 지시하여, 문장을 간결하게 만들어 보내는 것이 더 좋다.

ChatGPT
제목: 회의에서 사용할 문서 데이터 확인 부탁드립니다
[상사의 이름]님
항상 신세지고 있습니다. [자신의 이름]입니다.
회의에서 사용할 문서 데이터를 확인해주시기 바랍니다.
[문서의 내용이나 목적]에 관련된 데이터를 확인해주실 수 있을까요?
특히, [중요한 포인트나 확인해야 할 항목]을 살펴봐주시면 감사하겠습니다.
회의가 다가오고 있어 가능한 한 빨리 답변을 주시면 감사하겠습니다.
질문이나 의문 사항이 있으시면 언제든지 말씀해주세요.
부디 잘 부탁드립니다.

부탁 이메일 프롬프트 변형 예시

 거래처에 업무 의뢰를 부탁하는 이메일을 작성해줘.

 거래처에 ●월 ○일의 약속을 부탁하는 이메일을 작성해줘.

+α '작은 한 마디'를 자신의 말로 바꾸기

사무 업무 중심이라면 부탁 이메일의 빈도가 높을 것이다. 그로 인해, 작성 내용도 비슷해지는 경우가 많다. 그래서 이전에 작성한 이메일을 복사하여 붙여 넣고, 수정해야 할 부분을 ChatGPT에게 전달하는 방법도 유용하다. 예를 들어, 상위 직급의 사람에게 요청할 경우 '**좀 더 정중하게 써줘**'라고 말하는 식이다.

그 외에도, 입사한 지 얼마되지 않아 아직 긴장하고 있는 신입 사원에게 업무를 요청할 때는 '**좀 더 편하게 써줘**'라고 요청하는 것도 좋은 방법이다. 정보를 정확하게 전달하기 위해 여러 가지 표현을 고민하는 일은 있어도, **자연스러운 격려의 한 마디나, 기분 좋게 일을 할 수 있도록 건네는 한 마디가 부족한 상사나 팀 리더가 의외로 많다. 평소에는 쉽게 떠오르지 않는 말도 ChatGPT라면 즉시 제안해준다.**

ChatGPT가 제안한 문장을 살려서 자신의 말로 조정하면, 상대에게 더 잘 전달되는 문장이 될 것이다. 언제나 '초안'이라는 점을 잊지 말자. 사내 사람에게 '수고하셨습니다'를 사용하거나, 상사에게 '수고 많으셨습니다'를 사용하는 등 **비즈니스 매너에 맞지 않는 표현을 수정하는 일도 잊지 말 것.**

Scene// 이메일 연락　　　　　　　　　　　　　　　　#글작성　#시간절약

활용법
09 감사 메일의 초안을 작성해줘

POINT
① 감사할 상대 지정
② 이메일 작성 지시
③ 감사와 보고 내용 목록으로 입력

USER
① 상사에게 ② 다음 내용을 담은 이메일을 작성해줘.
③
- 조언 덕분에 기획이 통과된 것에 대한 보고
- 조언을 주신 것에 대한 감사

ChatGPT
제목: 기획 통과 보고와 감사
○○님께
이번에, 지난번에 주신 조언 덕분에 저희 기획이 통과된 것을 보고 드립니다.
저희가 생각한 방향과는 다른 시각을 제공해주셔서 매우 유익했습니다.
그 결과, 프로젝트 팀 전체가 새로운 통찰을 얻을 수 있었고, 더 높은 품질의 기획을 완성할 수 있었습니다.
정확한 지적과 건설적인 피드백 덕분에, 저희는 자신감을 가지고 제안을 진행할 수 있었습니다.
귀한 조언과 시간을 주셔서 진심으로 감사드립니다.

비즈니스에서의 **감사 이메일**은 자신의 감정과 '**어떤 점이 감사한지**'라는 세부 사항을 정확하게 전달하는 것이 중요하다. 감사한 내용을 프롬프트에 정확히 입력하도록 하자. 프롬프트가 애매하면 출력 결과도 애매해진다.
또한, **이메일을 보낼 상대와의 관계를 지정하는 것이 좋다.** 상사, 부하, 혹은 외부의 거래처 등, 관계에 따라 이메일 본문의 톤을 조정해준다.

Next Step >> 더 잘 활용하기!

✦ ✉ 상황 진행에 따른 이메일 작성하기

추가 프롬프트로 감사 내용을 조정할 수 있다. 한번 작성한 이메일이라도 진행 상황이 바뀌었다면 이를 반영한 이메일로 다시 수정하자.

USER
새로운 서비스로 발표된다는 내용을 보고하는 이메일을 작성해줘.

ChatGPT
제목: 신서비스 발표에 대한 보고 및 감사 인사

○○님께

이번에 저희 기획이 순조롭게 진행되어, 신서비스를 발표하게 되었음을 보고드립니다.
얼마 전 ○○님께서 주신 조언을 참고하여, 저희는 세부적인 계획을 세우고 효과적인 서비스 실현을 목표로 착실히 준비를 진행해 왔습니다.
그 결과, 개발팀과 마케팅팀의 협력을 통해 기대에 부응하는 신서비스를 구체화할 수 있었습니다.
이번 신서비스는 ㅁㅁ라는 콘셉트를 바탕으로 하며, △△ 기능도 탑재하고 있습니다.
이번 신서비스 발표를 통해 시장 내 경쟁력을 높이고, 보다 폭넓은 고객층에게 서비스를 제공할 수 있을 것이라 확신합니다.
이 모든 것은 ○○님을 비롯한 관계자 여러분의 지지와 조언 덕분입니다. 진심으로 감사의 말씀을 드립니다.
다음 단계로서, 발표 일정과 홍보 활동에 대한 구체적인 내용은 추후 다시 보고드리겠습니다.
앞으로도 지속적인 지도와 성원을 부탁드립니다.
감사합니다.

감사 이메일 프롬프트 변형 예시

> 퇴직 시, 그동안 신세를 진 사람에게 감사의 말을 전하는 이메일을 작성해줘.

> 다음 이메일의 마지막에 감사의 말을 덧붙여줘.

+α 성과도 확실하게 전달하는 것이 예의

비즈니스 현장에서 **감사 이메일**을 작성하는 경우는 프로젝트가 성공하거나 자신이 한 일의 성과가 나타날 때일 것이다. 감사 받는 입장에서도 감사의 말보다는 그 성과에 대해 듣고 싶어 할 것이다.

따라서 상황이 변하면, 그에 맞는 문장이 필요하다. 다른 사람에게 감사 이메일을 작성할 때, 처음에 출력된 이메일 문장에서 상황이 변했다면, 그 문장을 발전시켜 새로운 이메일을 만들 수도 있다.

또한, 공식적인 감사가 아니더라도 감사의 말을 덧붙일 기회는 많다. **'정말 감사합니다'같은 표현을 반복하는 것이 마음이 잘 전달되지 않는다고 느끼는 사람은 자신이 작성한 이메일에 감사의 말을 덧붙여 달라고 요청하는 것도 좋다.**

Scene // 이메일 연락   #글작성   #시간절약

활용법
10 보고 메일의 초안을 작성해줘

POINT
① 이메일 수신자 지정
② 보고 이메일 작성 지시
③ 이메일 내용 입력

USER
다음 내용으로 ①상사에게 ②보고하는 이메일을 작성해줘.

③
- 제목: 회의 내용 공유에 관하여
- 홈페이지 제작을 H사에 타진
- → 일주일 이내에 확정 예정, H사가 어렵다면 S사로

ChatGPT
제목: 회의 내용 공유의 건

[수신자 이름]님께

안녕하세요.
지난 회의에서 논의된 내용을 공유드립니다.
다음은 홈페이지 제작 및 기사 작성에 대한 상세 내용입니다.
홈페이지 제작에 관하여:
저희는 H사에 홈페이지 제작을 타진하였습니다.
H사와는 일주일 이내에 계약을 진행할 예정입니다.
만약 H사와의 계약이 성사되지 않을 경우, 신속하게 S사에 타진하여 그들과의 계약을 추진할 예정입니다.
저희의 목표는 최대한 효율적으로 훌륭한 홈페이지를 제작하는 것입니다.
궁금하신 점이나 의견이 있으시면 언제든지 말씀해주세요.
앞으로도 잘 부탁드립니다.

감사합니다.

Next Step >> **더 잘 활용하기!**

✨📧 **작업 진행 상황에 맞는 이메일 작성하기**

처음에 출력한 이메일을 발전시켜, 일주일 후에 진행 상황을 보고하는 이메일을 작성하자.

USER
일주일 후에 작업 진행 상황을 보고하겠다는 내용의 이메일을 작성해줘.

ChatGPT
제목: 진행 보고: 홈페이지 제작 및 기사 작성에 관하여

[수신자 이름]님께

지난주에 공유드린 홈페이지 제작 및 기사 작성 관련 프로젝트에 대해
일주일이 경과하였기에, 진행 상황을 보고드리고자 합니다.

홈페이지 제작에 관하여:
H사에 홈페이지 제작을 제안한 결과 성공적으로 진행되었고,
오늘 미팅을 통해 구체적인 요구 사항과 납기일이 확정되었습니다.
그들과의 계약이 성사되었음을 알려드립니다. 현재 제작에 착수한 상태이며,
진행은 순조로워 납기일을 준수할 수 있을 것으로 확신하고 있습니다.

기사 작성에 관하여:
작가 후보자들에게 집필 제안을 하였고,
다행히도 5명의 작가가 프로젝트에 관심을 보여 계약이 성사되었습니다.
각 작가에게 주제와 요구 사항을 전달하였으며,
일주일 이내에 집필을 시작할 예정입니다.
이로써 목표였던 50개의 기사를 1개월 이내에 완성할 수 있을 것으로 예상됩니다.

[귀하의 이름]

회의 내용 **공유**나 **진행 상황 보고** 등, **보고 이메일**을 작성하는 일이 많을 것이다. 보고 이메일 초안을 ChatGPT로 작성할 때는, 보고하거나 공유할 내용을 빠짐없이 프롬프트에 작성하는 것이 중요하다.
보고 이메일의 경우, 정보를 정확하게 전달하면 메모 정도의 간단한 프롬프트로도 잘 정리된 글로 만들어 준다. 필요한 정보는 빠짐없이 프롬프트에 작성하고, 출력된 결과를 필요에 따라 수정하자. 또한 **프롬프트에서 보고할 상대를 지정하면, 그에 맞춰 이메일 본문의 톤이 달라진다.**

+α 문제가 발생했을 때는 세부 정보를 보고

처음에 출력된 이메일을 발전시켜 새로운 이메일을 만들 수도 있다. 추가 프롬프트로, 시간이 경과한 상황을 지시하면 이메일 내용이 더 적절해진다.
또한, 자신의 **실수**나 **업무상의 문제**를 보고하는 경우도 있을 것이다. 그런 경우에도, **프롬프트에 실수나 문제가 발생한 날짜와 내용, 해결책 등에 대한 구체적인 내용을 입력**하는 것이 중요하다. **시간이 지남에 따라 보고의 톤도 달라지므로**, 실수나 문제가 발생한 날짜, 이메일을 보낸 시점에서 얼마나 시간이 지났는지, 해결되었는지 등을 구체적으로 입력하자.
사실과 다른 내용을 보고하면 업무에 더 큰 지장을 줄 수 있으므로, 반드시 자신이 직접 확인하는 것을 게을리하지 않도록 하자.

Scene // 정보 정리　　　　　　　　　　　　　　　　　　　　　　　#글작성　　#요약

활용법 11 글의 내용을 요약해줘

POINT

① 요약 시 주의점 명확히 적기
② 글자 수 지정
③ 요약할 내용 입력

USER
다음 문장을 <u>ChatGPT의 매력이 잘 드러나도록</u>① <u>300자 이내</u>②로 요약해줘.

ChatGPT는 텍스트 메시지를 입력하면, 그에 맞는 답변을 대화 형식으로 제공해주는 AI입니다. 인터넷상의 방대한 정보를 학습하여, 복잡한 어휘나 표현도 이해할 수 있는 것이 특징입니다.

비즈니스 분야에서는 회의록이나 보고서 작성, 문서 요약, 문장 점검 및 수정 등 업무 활용이 기대되고 있습니다. 문서 작성에 ChatGPT를 사용하면, 오타나 잘못된 자동 변환과 같은 사람의 실수가 발생하지 않아 정확도가 높은 문서를 만들 수 있습니다. 물론, 생성된 문장을 그대로 복사해서 사용하는 것은 어렵지만, 처음부터 문장을 작성하는 것보다 훨씬 효율적이라고 할 수 있습니다.

ChatGPT에는 무료 버전인 'GPT-3.5'와 유료 버전인 'GPT-4' 두 가지 엔진이 있으며, ChatGPT의 응답 능력이나 문장의 일관성을 더욱 높이고 싶을 때는 GPT-4를 활용하는 것이 좋습니다.

ChatGPT

ChatGPT는 텍스트 메시지에 대해 대화 형식으로 응답하는 AI입니다. 인터넷상의 풍부한 정보를 학습하여, 고급 어휘와 표현을 이해할 수 있습니다.

비즈니스 분야에서는 회의록, 보고서 작성, 문서 요약, 점검 및 수정 등에 활용될 것으로 기대됩니다. ChatGPT를 사용하면 오타나 변환 실수 없이 높은 정확도의 문서를 작성할 수 있습니다. 다만, 문장을 그대로 복사하여 보내는 것이 아니라, 최종적인 문서 확인은 중요합니다. 이 방법으로 문서 작성의 효율성을 향상시킬 수 있습니다.

또한, ChatGPT에는 무료 버전인 'GPT-3.5'와 유료 버전인 'GPT-4' 두 가지 엔진이 있습니다. 'GPT-4'를 활용하면 응답 능력과 문장의 일관성을 더욱 향상시킬 수 있습니다.

회의의 회의록이나 상사에게 업무 내용을 보고할 때 등, **요약**을 해야 할 상황은 의외로 많다. 특히 전달해야 할 정보가 방대할 경우, 어디서부터 어떤 내용을 추려서 전달해야 할지 고민할 때가 있다. 이런 경우 ChatGPT를 사용하면 쉽게 요약할 수 있다. 이때, 용도에 맞게 **몇 자 정도로 요약할 것인지, 어떤 취지로 요약할 것인지**를 프롬프트에 지정하면 자신이 원하는 요약을 출력할 수 있다. 또한, 보고를 위한 것뿐만 아니라, 자신이 그 글에 담긴 핵심 사항을 대충이라도 파악할 수 있도록 요약을 요청하는 것도 유용한 활용법이다.

글 요약 프롬프트 변형 예시

 회의록을 글로 기록한 내용을 요약한 후, 마지막에 결정 사항을 목록으로 만들어줘.

 이 글을 초등학교 고학년이 이해할 수 있는 말로 요약해줘.

+α 더 자연스러운 이메일을 작성하는 팁

ChatGPT는 **회의록, 회의, 인터뷰 녹음 등 긴 데이터도 요약할 수 있다**. 또한, 방대한 정보에서 핵심을 추출하여 목록으로 정리하거나 요약한 내용을 지정된 형식에 맞게 정리할 수 있다. 회의록을 요약한 후 그대로 **'이메일로 보내줘'**라고 지시하면, 참석자에게 리마인드하거나 결석자에게 회의 내용을 공유하는 작업을 빠르게 할 수 있다. 이런 활용 방법으로 업무에 소요되는 시간이 크게 단축된다.

또한, 프레젠테이션 내용을 요약할 수도 있다. **'중요한 부분을 간결하게 요약해줘'**라고 지시하면, **어떤 부분을 강조해야 더 간결하게 전달할 수 있을지 객관적으로 파악할 수 있다.**

뉴스나 기사를 요약하여 **정보 수집에 드는 시간을 절감**할 수도 있다. 사회적 상황이나 시장, 경쟁사의 동향에 대한 정보를 정리하여, 향후 비즈니스 전략이나 프로젝트 계획에 도움을 줄 수 있다.

Scene // 정보 정리   #도식화 #분류하기

활용법 12 글의 내용을 표로 정리해줘

POINT

① 글을 표로 만들어달라고 지시
② 표에 넣을 항목 명확히 적기
③ 표로 만들 데이터 입력

USER
다음 문장을 표로 만들어줘. 국가 및 인구별로.

일본의 인구는 약 1억 2330만 명, 중국의 인구는 14억 4850만 명, 인도의 인구는 14억 660만 명, 미국의 인구는 3억 3480만 명입니다.

ChatGPT

국가	인구
일본	약 1억 2330만 명
중국	14억 4850만 명
인도	14억 660만 명
미국	3억 3480만 명

위의 문장을 표로 정리하여, 국가 및 인구별로 요약하였습니다.

정보를 정리할 때 **표**를 만드는 경우가 많다. 하지만 데이터를 하나하나 Excel에 입력하는 데는 시간이 걸린다. ChatGPT에서 표에 필요한 데이터를 입력하면, **쉽게 표를 만들 수 있으며, 그 표를 Excel에 추가할 수도 있다.** 표를 만들 때, 정리할 항목을 지정하려면 '○○, ○○, ○○을 **표로 정리해줘**'라고 지시하면, 이에 맞춰 표가 생성된다.

단순히 항목만 나열해 입력하면 목록 형식으로 출력되므로, **반드시 표로 만들어달라는 구체적인 지시를 입력해야 한다.**

Next Step » 더 좋게 만들기!

✦✉ 표의 순서를 변경하기
표의 순서나 정리 방법을 지시하면, 지시한 대로 정리된 표가 출력된다. 표에 순위를 표시할 항목을 추가하고, 인구가 많은 순으로 정렬해보자.

 USER
순위 항목을 추가해서 1위부터 순서대로 정리해줘.

 ChatGPT

순위	국가	인구
1	중국	14억 4850만 명
2	인도	14억 660만 명
3	미국	3억 3480만 명
4	일본	약 1억 2330만 명

위의 표는 인구가 많은 순서대로 국가를 정렬한 것입니다.

표 작성 프롬프트 변형 예시

 순위를 내림차순으로 정렬하고 표로 만들어줘.

 국토 면적과 인구 밀도 항목을 추가하고, 인구 밀도 순으로 정렬해줘.

+α 요점을 정리한 후 표로 만들기

예시에서는 표 데이터를 프롬프트에 입력했지만, **ChatGPT의 표 작성 기능**은 정보 정리뿐만 아니라 다양한 업무에서 활용할 수 있다.

뉴스나 프레젠테이션, 회의 내용을 텍스트로 입력하고 '**표로 정리해줘**'라고 지시하면, 글의 요점을 표로 정리해준다. '**다른 상품과의 차이를 표로 보여주고 싶어**'라거나 '**회의 회의록을 주제별로 다시 정리하고 싶어**' 같은 경우에 유용하게 활용할 수 있다.

프로젝트 진행 상황이나 업무 배정을 표로 정리하거나, 팀이나 계획의 진행 상황을 한눈에 파악할 때도 유용하다. **만든 표는 템플릿으로 Excel에 저장하고 계속 사용할 수 있다.**

또한, 여러 문제를 입력한 후 '**문제와 해결책을 표로 정리해줘**'라고 지시하면, 해결책이 추가된 표가 생성된다. 고객 피드백을 정리하거나 Q&A를 요약하는 데도 유용하다. 숫자뿐만 아니라 '문장을 표로 정리하기', '표의 빈칸을 채워줘'라고 요청하는 방법은 업무 효율성을 높이는 데 도움이 된다.

Scene // 정보 정리   #분류하기 #시간절약 #조사·분석

활용법 **13**

KJ 기법으로 항목을 분석하고 패턴을 찾아줘

POINT

① 안건 주제 명확히 하기
② KJ법으로 분류해달라고 지시
③ 분류할 데이터 입력

USER
다음은 '어떤 이자카야에 가고 싶은가'라는 주제에 제시된 의견이야. ①KJ법으로 분류하②고, 패턴을 찾아줘.

③ 청결함, 분위기가 좋음, 직원의 서비스 태도가 좋음, 가게 인테리어가 멋짐, 친구에게 소개하고 싶어짐, 음식이 맛있음, 서비스가 좋음, 요리의 퀄리티가 변하지 않음, 제공 속도가 빠름, 술의 종류가 많음.

ChatGPT
KJ법으로 분류하고, 패턴을 찾아보겠습니다.

패턴 1: 분위기와 관련된 요소
　　　　분위기가 좋음
　　　　가게 인테리어가 멋짐
패턴 2: 서비스와 속도와 관련된 요소
　　　　직원의 서비스 태도가 좋음
　　　　서비스가 좋음
　　　　제공 속도가 빠름
패턴 3: 음식과 관련된 요소

(이하 생략)

Next Step ≫ 더 잘 활용하기!

✉ **추가 의견을 요청하기**
KJ법으로 정리된 패턴에 대해, 아직 제시되지 않은 의견을 ChatGPT에서 찾아볼 수 있다. 추가로 의견을 요청해보자.

USER
KJ법으로 정리된 패턴에 대해, 하나씩 추가 의견을 제시해줘.

ChatGPT
그렇다면, KJ법으로 정리된 패턴에 대해 추가 의견을 하나씩 제시해 보겠습니다.

패턴 1: 분위기와 관련된 요소
　　　분위기가 좋음
　　　가게 인테리어가 멋짐
　　　추가 의견: 라이브 음악이나 BGM의 선곡이 훌륭함
패턴 2: 서비스와 속도와 관련된 요소
　　　직원의 서비스 태도가 좋음
　　　서비스가 좋음
　　　제공 속도가 빠름
　　　추가 의견: 직원들의 대응이 신속함
패턴 3: 음식과 관련된 요소
　　　음식이 맛있음
　　　요리의 퀄리티가 변하지 않음
　　　술의 종류가 많음

(이하 생략)

KJ법은 **브레인스토밍에서 나온 의견을 패턴별로 분류하고 분석하는 방법이다.** 이 프레임워크를 이용하면, 안건에 대한 세부 과제를 패턴별로 분류할 수 있다.
ChatGPT에서는 의견이나 아이디어를 프롬프트에 입력하고 지시하면, **패턴 분석과 분류**가 가능하다. **이는 여러 가지 정보가 섞인 상태에서 이를 정리하거나 핵심 사항을 추출할 때 유용하다.** 설문 조사 결과 내용이나 아이디어 정리에도 사용할 수 있다.

+α 정리하는 목적을 전달하면 정확도가 높아진다

ChatGPT를 통해 **KJ법**을 비롯한 다양한 프레임워크를 사용할 때는, 항목 지시나 안건, 목적의 명시가 중요하다.
무엇에 대한 의견인지, 의견을 정리하는 패턴, KJ법으로 정리하는 목적 등을 프롬프트에 지정하면 출력 내용의 정확도가 높아진다. 또한, '**추가 의견을 제시해 줘**'와 같은 **프롬프트를 추가하면, 각 패턴에 대한 새로운 의견을 얻을 수 있다.**
부족한 부분을 ChatGPT가 보완하게 하면, **안건에 대해 자신이 놓쳤던 새로운 시각을 도출하거나, 미래의 비즈니스 전략을 구상하는 아이디어를 얻을 수 있다.**

Scene // 정보 정리   #분류하기   #시간절약

활용법 14

대량의 데이터를 목적별로 분류해줘

POINT

① 분류 조건 명확히 하기
② 분류 지시
③ 분류할 데이터 입력

USER
다음 데이터를 <u>지역별</u>로 <u>분류해줘</u>.
①   ②

③ [광주, 전주, 부산, 경주, 강릉, 청주, 인천

 ChatGPT
아래에 주어진 데이터를 지역별로 분류하였습니다.

- 수도권: 인천
- 충청권: 청주(충청북도)
- 강원권: 강릉(강원도)
- 호남권: 광주(광주광역시), 전주(전라북도)
- 영남권: 부산(부산광역시), 경주(경상북도)

여러 개의 데이터를 **분류**별로 나누는 업무에서, 하나씩 데이터를 확인하며 수작업으로 분류하는 것은 시간이 많이 걸린다.
ChatGPT는 <u>주어진 데이터를 분석하고, 지정된 분류 항목에 따라 데이터를 정리한다.</u>

예를 들어, '**조리 기구, 문구류, 전자 기기로 분류해줘**'라고 분류 항목을 지정하면, 잡다한 상태의 물품들을 항목별로 정리할 수 있다. 분류 후에 표로 정리하라는 지시를 하면 검색하기가 편리하다.

Next Step >> **더 잘 활용하기!**

✦ 📩 **분류를 표로 정리하기**
추가 프롬프트로 지시를 더하면, 분류한 데이터를 표로 정리할 수 있다.

USER
이 데이터를 표로 정리해줘.

ChatGPT
알겠습니다. 주어진 데이터를 지역별로 분류한 표를 제시합니다.

권역	도시
수도권	인천
충청권	청주
강원권	강릉
호남권	광주
호남권	전주
영남권	부산
영남권	경주

데이터 분류의 프롬프트 변형 예시

 다음 상품명을 식품 제조사별로 분류해줘.

 다음 동물 목록을 개과와 고양이과로 나눠줘.

+α 기준을 설정하여 정렬

ChatGPT를 활용하여 **데이터를 분류**함으로써 방대한 데이터를 효율적으로 정리할 수 있다. 예를 들어, 설문 조사 결과에서 성별, 연령, 지역 등 특성별로 데이터를 분류하면, 특성에 따른 답변 경향을 분석할 수 있다.

상품 분류도 마찬가지로, 데이터를 범주별로 분류하면 재고 관리나 상품 비교에 도움이 된다. 또한, 가격별로 순서를 바꿀 수 있기 때문에 하나의 기준을 설정해 정렬함으로써, 경쟁사의 상품과 비교하거나 자사의 상품을 정리하는 데 유용하다.

또한, 웹사이트나 웹 기사를 작성할 때 범주 분류에도 유용하게 활용할 수 있다. 여러 개의 제목을 지정하고 '**범주를 5개 만들어서 분류해줘**'라고 지시하면 페이지나 기사를 범주에 따라 분류해준다.

게다가 **분류된 데이터를 표 형식으로 정리하면, 데이터의 경향과 정보가 시각화**되어 더 쉽게 분석할 수 있다. 데이터를 수집하고 분류하는 것뿐만 아니라, ChatGPT를 활용하여 데이터 분석 및 시각화를 진행하면 검색하기가 편하고 데이터가 더 유용해진다.

Scene // 정보 정리　　　#시간절약　#정보수집　#요약

활용법 15　복잡한 글의 요점과 논점을 알려줘

POINT

① 글의 요점 및 논점 알려달라고 지시
② 출력 형식 지정
③ 원문 입력

USER
다음 글의 ①요점과 논점을 ②항목별로 알려줘.

③ 지구 온난화는 기후 변화의 주요한 측면이며, 기온의 직접적인 측정이나 온난화가 미치는 다양한 영향의 측정을 통해 입증되고 있다. 그 원인은 온실가스로 인한 것이라고 여겨지고 있다. 온실가스는 높은 열 보존 지수를 가진 것이 특징이며, 그로 인해 소량만으로도 대기 온도를 상승시킨다.

ChatGPT
요점:
1. 지구 온난화는 기후 변화의 주요한 측면이다.
2. 기온의 직접 측정이나 온난화의 영향 측정을 통해 입증되고 있다.
3. 온실가스가 지구 온난화의 주요 원인으로 여겨지고 있다.

논점:
1. 지구 온난화의 영향이 어떤 형태로 나타나고 있는가.
2. 온실가스의 배출원과 그 감축 방법에 대해.
3. 지구 온난화 진행을 억제하기 위한 국제적인 협력의 필요성.
4. 현대 사회에서의 온실가스 감축 정책의 구체적인 방안.
5. 지구 온난화가 환경과 생태계에 미치는 영향에 대한 대책 및 완화 방안.

Next Step » 더 잘 활용하기!

✉️ **논점을 간단히 정리하기**

추가 프롬프트로 논점이나 요점을 다시 정리할 수 있다. 이전에 출력된 논점을 간단한 문장으로 정리하여, 사람에게 전달하기 쉽게 만들자.

USER
지구 온난화가 농업에 미치는 영향을 간단한 문장으로 정리해줘.

ChatGPT
지구 온난화가 농업에 미치는 영향은 여러 가지가 있습니다.

1. 농업과 어업에 미치는 영향: 온난화로 인한 기후 변화는 농작물의 성장 기간과 수확량, 물 자원에 영향을 미칩니다.
2. 식량 문제: 기후 변화로 인해 농작물의 수확량과 품질이 변하고, 가격에 영향을 미치며, 기아의 위험이 증가할 수 있습니다.
3. 생물상에 미치는 영향: 기후 변화는 생물의 서식지와 분포, 생태계 변화, 생물 다양성에 영향을 미칠 수 있습니다. 이를 예측하고 모니터링하는 것이 중요합니다.

이러한 영향들을 평가하고 적절한 대책을 세우는 것이 중요하며, 과학적 연구와 모델링을 통해 이해를 심화시킬 필요가 있습니다.

논의 준비 자료를 만들 때나 토론의 논점을 정리할 때는, 미리 어렵고 긴 글의 **요점이나 논점**을 정리해둬야 한다.
전문적인 업무라고 할 수 있지만, ChatGPT에게 지시하면 요점이나 논점을 짚어준다. **요점과 논점의 개수도 지정할 수 있으므로, 용도에 맞게 프롬프트를 편집하자.**

+α 지시를 반복하여 논점을 도출

추가 프롬프트로 지시를 반복하면, **더 깊이 있는 논점을 도출하거나 제시된 요점을 다시 글로 정리하는 것이 가능하다.** 예를 들어, 프롬프트를 '**지구 온난화가 농업 등에 미칠 것으로 추정되는 영향과 평가 방법에 관한 논점을 간단한 문장으로 정리해줘**'와 같이 구체화하면, 논제를 더 깊이 생각하고 싶을 때나 글을 간단한 구성으로 바꾸고 싶을 때 유용하다.

또한, 여러 논점이 생성되면 새로운 관점에서 분석하거나 기존에 없던 통찰을 기대할 수 있다. **어떤 논의가 펼쳐질지 예측하도록 해서 질의응답을 준비하거나, 자신이 미처 알지 못한 새로운 논점에 주목할 수 있다.** 주제를 다시 생각하고 싶을 때 유용한 방법이다.

Scene // 정보 정리   #글작성   #아이디어 도출   #시간절약

활용법 16 서류 템플릿을 작성해줘

POINT
① 보고서 작성 대상 지정
② 보고서 작성 지시
③ 정리할 내용 입력

USER
<u>다음 회의 결과를</u>① <u>보고서로 정리해줘.</u>②

③
- 일시: 6월 15일 13시 00분~
- 장소: 당사 제3회의실
- 안건: 신서비스에 대해
- 결론: 신서비스 관련 신규 부서를 설립하고, 2개월 후 보도자료를 발표하기로 함.

ChatGPT
- 보고서: 회의 결과 보고
- 일자: 6월 15일
- 시간: 13:00~
- 장소: 당사 제3회의실
- 안건: 신서비스에 대해
- 결론: 회의 결과, 다음과 같은 결론이 도출되었습니다.

신서비스와 관련된 새로운 부서를 설립하기로 결정되었습니다. 보도자료는 신서비스 시작 후 2개월 이내에 발표할 예정입니다. 향후 전개에 대해, 관계자들은 각자의 역할과 책임을 확인하고 신서비스의 성공을 위해 협력하여 진행하기로 하였습니다.
이상 보고드립니다. 확인 부탁드립니다.

Next Step » 더 잘 활용하기 !

✉ **고객에게 제안하는 문장으로 바꾸기**
회의 내용을 외부 고객에게 제안하는 형식으로 정리해보자.

USER
외부용 제안서를 작성해줘.

ChatGPT
제목: 신서비스 제안에 대하여

이번에 신서비스 제안에 대해 검토해주시면 좋겠다는 생각으로 이 이메일을 보내드립니다.
저희 회사는 항상 고객님의 요구에 맞는 혁신적인 서비스 제공을 위해 노력하고 있습니다.
이번에 [고객님의 산업]에서의 문제 해결을 위한 신서비스를 개발하였습니다.
제안 내용의 개요는 다음과 같습니다.

서비스 개요:
저희가 개발한 신서비스는 [특정 문제나 요구 사항]에 대응하며, [고객님의 산업]에서 비즈니스 발전을 지원합니다. [서비스의 특징 및 이점]을 활용하여 업무 효율 향상, 프로세스의 원활화, 수익 최대화를 실현하는 것이 목표입니다.

대상 고객:
이 서비스는 [대상 고객]을 대상으로 하며, [특정 산업이나 특정 인구 통계]의 요구에 특화되어 있습니다. 시장 조사와 분석을 통해,

(이하 생략)

업무를 진행하는 과정에서 문서를 작성해야 하는 상황이 자주 생긴다. 매번 처음부터 문서를 만들기란 번거롭다.

프롬프트에 문서의 형식과 내용을 구성하는 항목, 제목 설정을 입력하면, 문서 **템플릿**이 출력된다. 그 후, **문서에 필요한 정보를 입력하면 문서가 완성되고, 템플릿으로 저장해 부서나 회사 내에서 공유할 수 있다.**

+α 템플릿 작성으로 업무 효율화 도모

ChatGPT를 활용한 **문서 템플릿** 작성은 업무의 효율화를 촉진한다. 작성한 보고서를 첨부하여 '**외부 제안서로 다시 만들어줘**'라고 지시하면, 수고를 덜고 격식 있는 제안서를 만들 수 있다. 보고서나 제안서뿐만 아니라, 계약서나 기획서 작성에도 응용할 수 있다. 한 번 ChatGPT로 문서를 작성한 후, '**이 형식의 템플릿이 필요해**'라고 지시하면 템플릿을 출력할 수 있다.

또한, 문서뿐만 아니라, **회람 메일이나 보고 메일 등 자주 보내는 이메일의 템플릿을 만드는 것도 좋은 방법이다.** ChatGPT로 작성된 템플릿을 사용하면 문서를 일관되면서도 빠뜨리는 내용 없이 신속하게 작성할 수 있다.

그러나 ChatGPT로 작성된 템플릿에 대해 적합한 정보가 포함되어 있는지, 사실과 일치하는지 확인하는 것은 중요하다. ChatGPT에서는 추가 정보가 필요할 때 '여기에 장점 추가'와 같이 지시를 줄 수 있지만, 스스로 과도하거나 부족한 부분이 없는지 점검을 게을리하지 말아야 한다.

Scene // 진행 관리   #일정 관리 #시간절약

활용법 17 작업 시간 배분을 계획해줘

POINT

① 작업 시간 기준 명확히 적기
② 시간 배분 고려 지시
③ 구체적인 작업 내용 입력

USER
다음은 현재 처리 중인 작업이야. ①3시간 동안 작업할 경우 ②시간 배분을 구상해줘.
③[이메일 대응, 기획서 작성, 회의 준비, 프레젠테이션 자료 작성

ChatGPT
시간 배분을 다음과 같이 제안합니다:
1. 작업 정리 및 우선순위 설정(10분):
   먼저, 각 작업의 중요도와 긴급도를 고려하여 작업을 정리하고 우선순위를 매깁니다. 이메일 대응, 기획서 작성, 회의 준비, 프레젠테이션 자료 작성 중 가장 시간이 많이 걸리는 작업을 파악합니다.
2. 이메일 대응(1시간):
   우선순위가 높은 이메일에 집중하여 답변하거나 필요한 처리를 합니다. 가능한 한 신속하게 대응하고 중요한 이메일에는 적절히 답변하도록 합니다.
3. 기획서 작성(1시간):
   기획서 작성에 착수합니다. 미리 필요한 정보와 자료를 정리하고, 구성을 고려하여 구체적인 내용을 작성합니다. 시간을 잘 관리하면서 효율적으로 진행하도록 합니다.
4. 회의 준비(5분):
   회의에 필요한 자료와 데이터를 정리하고 준비합니다. 안건과 목표를 확인하여 회의 진행에 필요한 준비를 합니다.
5. 프레젠테이션 자료 작성(45분):

(이하 생략)

Next Step » 더 잘 활용하기!

 **작업 일정 짜기**

작업을 할 때 전체적인 시간 배분뿐만 아니라, 실제 작업 시간을 설정하면 그에 맞게 일정을 조정해준다.

USER
10시부터 13시까지 작업하는 경우의 일정을 계획해줘.

ChatGPT
10시부터 13시까지 3시간 동안 작업을 수행하는 경우의 일정을 제안합니다:

[10:00-10:10] 작업 정리 및 우선순위 설정
　첫 10분 동안 이메일 대응, 기획서 작성, 회의 준비, 프레젠테이션 자료 작성 중 가장 중요한 작업을 파악하고 우선순위를 매깁니다.

[10:10-11:10] 이메일 대응
　우선순위가 높은 이메일부터 순차적으로 답변하고 처리하여 가능한 한 많은 이메일을 대응합니다.

[11:10-12:10] 기획서 작성
　필요한 정보와 자료를 정리하고 구체적인 내용을 작성합니다. 시간을 염두에 두고 효율적으로 진행하도록 합니다.

[12:10-12:15] 회의 준비
　5분 동안 회의 준비를 진행합니다. 안건 및 목표를 확인하고 회의에 필요한 자료나 데이터를 정리합니다. 필요한 준비를 마쳐 효과적인 회의에 대비합니다.

[12:15-13:00] 프레젠테이션 자료 작성
　회의 결과와 목표에 맞춰 요점을 정리하고 명확한 그래프나 도표를 작성합니다.

여러 **작업**을 동시에 처리하는 경우, 일을 효율적으로 진행하기 위해서는 **시간 관리**가 필수다. 그러나 각 작업에 얼마나 시간을 할애해야 할지 고민될 때가 있다.

이 프롬프트에서는 **현재 진행 중인 작업과 그것들을** **모두 끝내기 위한 예상 시간을 입력하면, 각 작업의 예상 작업 시간을 계산해준다.** 출력된 예상 시간은 자신의 능력이나 작업 난이도에 맞게 적절히 조정하는 것이 좋다. 이때, '○○을 더 짧게'와 같은 지시를 하면, **수정된 계산 값을 쉽게 다시 출력할 수 있다.**

+α 일정 관리에도 활용

ChatGPT는 단순히 작업의 시간 배분만 하는 것이 아니라, **일정 관리**도 해준다. 예를 들어, 근무 시간 내에 현재 작업을 완료하고 싶거나, 회의 시간까지 특정 작업을 끝내고 싶을 경우, 위와 같이 시간을 지정하여 프롬프트에 입력하면 편리하다. 또한, **작업량 변화나 휴식 설정 등의 추가 지시를 하면, 그에 따라 일정을 다시 조정해준다.** '먼저 ○○을 하고 싶어', '○○은 마지막에 하고 싶어'와 같은 지시도 효과적이다.

더 나아가, 작업뿐만 아니라 **회의나 설명회와 같은 이벤트에서도 일정 관리를 할 수 있다.** 프롬프트에 프로그램이나 이벤트의 목적과 이름을 입력하면, 해당 **이벤트에 맞는 시간표를 만들어준다.**

개인적인 작업 관리뿐만 아니라, 다른 사람의 작업을 관리하거나 지시할 때도 유용하다. **작업을 나눠 다른 사람이나 부서에 할당할 수도 있다.**

Scene // 진행 관리   #생각의힌트   #시간절약

활용법 18

작업 절차를 세분화해 정리해줘

POINT

① 작업 내용 명확히 하기
② 정보 정리 조건 지정
③ 작업 나누기 및 정리 지시

USER
정기 회의 자료 작성 작업을 ① 세부적으로 ② 나눠서 정리해줘. ③

ChatGPT
정기 회의 자료 작성 작업을 다음 단계로 나누어 정리할 수 있습니다:

1. 목적과 주제 확정: 정기 회의의 목적과 주제를 명확히 하고, 자료 작성의 목표를 설정합니다. 이를 통해 자료의 내용과 방향성을 결정하는 기초를 마련합니다.
2. 안건 작성: 회의 항목이나 주제를 도출하여 안건을 작성합니다. 안건은 회의의 흐름을 보여주며, 자료의 구성과 순서를 결정하는 데 도움이 됩니다.
3. 자료 개요 작성: 자료 전체의 구성과 내용을 개요로 정리합니다. 이를 통해 각 항목의 목적과 역할을 명확히 하고, 일관성 있는 자료를 작성하는 데 도움이 됩니다.
4. 데이터 수집: 회의에 필요한 정보나 데이터를 수집합니다. 여기에는 과거 회의의 의사록, 부서의 진행 상황, 통계 데이터, 조사 결과 등이 포함됩니다. 필요한 정보를 적절한 형식으로 정리하고, 이용 가능한 형태로 변환합니다.
5. 내용 정리 및 구조화: 수집한 정보를 바탕으로 자료의 각 항목과 보조 항목을 결정합니다. 정보를 논리적인 순서로 배열하고, 명확한 포인트나 제목을 사용하여 읽기 쉽게 정리합니다.

이상이 정기 회의 자료 작성 작업을 나누어 정리한 것입니다. 작업의 구체적인 절차는 프로젝트나 조직의 요구에 맞게 조정할 수 있습니다.

Next Step » **더 잘 활용하기!**

✉ **시간 배분을 고려하기**
이전 페이지의 방법을 응용하여, 방금 나눈 각각의 작업에 필요한 시간 기준을 계산해보자.

USER
각각의 시간 배분을 고려해줘.

ChatGPT
정기 회의 자료 작성 작업에 대한 시간 배분은 다음과 같습니다.
1. 목적과 주제 확정: 15분
   정기 회의의 목적과 주제를 명확히 하기 위한 시간을 확보합니다.
2. 안건 작성: 30분
   회의의 항목과 주제를 정리하여 안건을 작성하는 시간을 확보합니다.
3. 자료 개요 작성: 15분
   자료 전체의 구성과 내용을 요약하는 시간을 확보합니다.
4. 데이터 수집: 1시간
   필요한 정보와 데이터를 수집하는 시간을 확보합니다. 적절한 형식으로 정보를 정리하고 사용 가능한 형식으로 변환합니다.
5. 내용 정리 및 구조화: 1시간
   수집한 정보를 바탕으로 자료의 각 항목과 하위 항목을 결정하고, 정보를 논리적인 순서로 배치하는 시간을 확보합니다.

많은 사람들이 어디서부터 시작해야 할지 모르는 **복잡한 작업**에 당황한 경험이 있을 것이다. 예로 사용한 회의 자료 외에도 기획서 작성, 프레젠테이션 준비, 영업 제안 등 복잡한 작업은 많다.

이런 경우, **프롬프트로 나누고 정리하고 싶은 작업을 지시하면, ChatGPT가 작업을 정리해준다.** '어쨌든 시작해야 해...'라며 엉망인 순서로 진행하던 작업이 정리되고 효율화된다.

+α 작업을 나누어 작업량을 분류

작업을 구체적인 작업 항목으로 나누면, **작업 내의 우선순위를 결정하고 전체 진행 상황을 파악해, 작업이 완료되는 시점을 쉽게 파악할 수 있다.** 특히, 작업이 많은 복잡한 업무에 효과적인 방법이다.

추가 프롬프트로 **'작업을 끝내기 위해 필요한 정보를 정리해줘'**라고 지시하면, 작업 중에 필요한 조사나 정보 정리와 같은 세부 작업을 미리 파악할 수 있다. 또한, **'단계별로 시간 배분을 고려해줘'**라고 지시하면, 작업 **시간 배분**을 도와줄 수 있다. 여유 시간에 할 수 있는 작업이나 시간이 많이 필요한 작업을 분류하면, 효율적으로 작업을 진행할 수 있다. 마감 시간이나 그 날까지 할 수 있는 작업 시간을 전달하면, 이에 맞춘 **일정**과 **우선순위를 제안**받을 수 있다.

이번 예시처럼 프롬프트에 지정할 내용을 구체화하면 다양한 방식으로 작업을 세분화하고 일정을 관리할 수 있다. 프롬프트에 입력할 내용은 본인이 맡고 있는 작업에 맞게 유연하게 조정하면 된다.

ChatGPT로 최신 정보 얻기

"브라우징" 기능으로 웹 검색

ChatGPT(GPT-3.5)가 학습한 정보는 2023년 10월(2025년 5월 기준)까지의 정보지만, 최신 정보를 얻는 방법도 있다. 바로 웹 검색 기능인 "브라우징(Browse with Bing)" 기능이다. 기능이다. 이 기능을 켜면, ChatGPT가 웹 검색을 통해 최신 정보를 바탕으로 답변을 제공한다. 또한, ChatGPT가 어떤 웹페이지를 열었는지 확인할 수 있다.

"Twitter" 트렌드 조사

Twitter에서 정보를 수집하고 싶다면, 'Twitter에서 화제가 되고 있는 스포츠 이야기를 알려줘'와 같이 입력하면 된다(현재 "Twitter"에서 "X"로 이름이 변경된 것을 ChatGPT는 완벽하게 학습하지 못했으므로, 프롬프트에 "Twitter"라고 입력해야 한다). 프라이버시 문제로 인해, 트윗 자체를 직접 검색하는 것은 불가능하다.

"Search 모드" 사용

ChatGPT 내장 기능인 "Search 모드"를 사용하면 ChatGPT가 실시간으로 웹을 검색하여 출처와 함께 답변을 출력한다. 유료, 무료, 비로그인 사용자 모두 사용이 가능하다. 프롬프트 입력 창 하단에 있는 [지구본 아이콘(검색)]을 클릭하여 활성화시키거나, 프롬프트 마지막에 '/search'를 입력하여 "Search 모드"를 사용할 수 있다. 질문이 한국어라면 한국어 페이지를 우선으로, 영어라면 영어 페이지를 우선으로 검색한다. 필요 시 프롬프트에 번역을 먼저 지시하고, 출력된 답변을 바탕으로 "Search 모드"를 활용할 것을 추천한다.

Chapter
2

대화 및 표현의 정확도 향상 활용법

Scene // 상담·프레젠테이션   #글작성 #시간절약

활용법 19

영업 제안의 기본 구성을 작성해줘

POINT

① 제안 내용 명확히 적기
② 용도 지정
③ 기본 구성 형태 지정

USER
고객이 겪고 있는 문제를 자사의 상품으로 해결할 수 있다는 내용의 영업 제안서 구성을 작성해줘.
① 고객이 겪고 있는 문제를 자사의 상품으로 해결할 수 있다는
② 영업 제안서
③ 구성을 작성해줘

ChatGPT
다음은 고객의 문제를 해결하기 위한 영업 제안서의 일반적인 구성입니다. 이 구성은 문제의 파악, 해결책의 제안, 가치 제안, 구체적인 실행 계획 등을 포함하고 있습니다. 제안서의 목적과 고객의 니즈에 맞게 적절히 변경해주세요.

1. 제안서의 목적과 배경 설명
2. 고객에게 인사와 감사의 마음 표현
3. 고객이 겪고 있는 문제나 과제를 구체적으로 나열
4. 문제 해결을 위한 해결책과 로드맵 제시
5. 고객의 문제를 해결하는 제안의 개요 제시
6. 제안의 핵심 사항과 장점 명확하게 전달
7. 부록(선택 사항): 추가 정보, 참고 자료, 다른 고객 사례, 상품 데모

이상은 영업 제안서의 일반적인 구성입니다. 고객의 니즈나 제안의 목적에 맞춰 각 섹션의 내용이나 순서를 적절히 조정해주세요.

Next Step >> 더 잘 활용하기!

✨ 📧 프레임워크를 작성하기
고객에게 정보를 정확히 전달할 수 있도록 6W2H 같은 프레임워크를 작성한다.

USER
취업 에이전트 서비스 영업에 대해 6W2H를 작성해줘.

ChatGPT
1. 누구(Who): 영업 담당자 또는 취업 에이전트 서비스 팀, 경영자 또는 관리자
2. 무엇(What): 취업 에이전트 서비스 제공, 취업 지원, 채용 정보 제공, 면접 설정 등
3. 언제(When): 평일 근무 시간 내(예: 월요일부터 금요일 9:00~18:00)
4. 어디서(Where): 사무실 내, 고객사의 사무실, 온라인 회의 등
5. 왜(Why): 취업 활동을 지원하고, 고객사와 구직자를 매칭하여 양측에 최적의 결과를 창출하기 위해
6. 어떻게(How): 구직자와 면담을 진행하고, 구직자의 희망 사항이나 스킬을 파악하여 적합한 채용 정보를 제공
7. 누구에게(Whom): 취업을 희망하는 구직자나 고객사의 채용 담당자 및 경영자
8. 얼마(How much): 서비스 가격은 플랜이나 제공하는 콘텐츠에 따라 다름

제안서가 이해하기 쉬운가에 따라 계약 성사가 결정되기 때문에 최대한 간단하고 명확하게 필요한 내용을 정리하는 게 중요하다.
위처럼 **영업 제안서 구성**을 ChatGPT로 작성하게 하면 **제안서 작성 시 체크해야 할 핵심을 의식하고 쓸 수 있다**. 또, 영업 제안 시 자사 상품이나 서비스를 강조하려다 보면 상대에게 부담을 줄 수 있다. 이런 상황이 일어나지 않도록 객관적으로 필요한 항목을 정리하는 일에 ChatGPT가 효과적이다.

+α 프레임워크를 사용해 핵심을 정리

프롬프트에서 영업할 상품이나 서비스와 사용하고 싶은 **프레임워크**를 지정하면 해당 상품이나 서비스에 맞춰 프레임워크를 채워줄 수 있다.
또한 항목이 출력된 뒤에는 **자사 상품이나 서비스에 관한 구체적인 부분을 스스로 채워 넣음으로써 자사의 구체적인 강점이나 고객 니즈, 경쟁사 정보 등을 새롭게 발견할 수 있는 이점도 있다.**
구성안을 만든 후 프레임워크를 이용해 상품이나 서비스를 깊이 이해하면 더 명확하고 효과적인 영업을 할 수 있을 것이다.

Scene// 상담·프레젠테이션   #평가·비평   #조언 부탁하기

활용법 **20**

프레젠테이션의 내용에 빠지거나 과한 부분이 없는지 점검해줘

POINT

① 프레젠테이션의 최종 목적 명확히 하기
② 빠진 내용이나 넘치는 부분이 없는지 확인 지시
③ 구성안 입력

USER
서비스의 내용을 이해시키고 계약으로 이어지도록 하는 프레젠테이션을 만들기 위한 ①
구성에 과하거나 부족한 부분이 없는지 확인해줘. ②

- 도입(문제, 문제의 원인)
- 제안(문제 해결에 서비스가 어떻게 도움이 되는지) ③
- 행동 촉구

ChatGPT
프레젠테이션 내용의 구성은 기본적으로 적합하지만, 더 구체적인 정보나 예시를 추가함으로써 서비스의 내용을 더욱 명확하게 전달할 수 있습니다.

1. 도입(문제, 문제의 원인)
   문제의 구체적인 사례나 상황을 제시하여 거래처가 직면하고 있는 문제를 구체적으로 설명합니다.
   문제가 어떻게 영향을 미치는지, 그 결과 발생하는 문제나 손실을 명확하게 합니다.
2. 제안(문제 해결에 서비스가 어떻게 도움이 되는지)
   서비스의 구체적인 기능이나 특징을 설명합니다. 장점이나 이점에 중점을 둡니다.
   서비스가 어떻게 문제 해결에 도움이 되는지 구체적인 사례나 데이터를 통해 보여줍니다.
   성과나 성공 사례가 있다면 언급하여 설명합니다.
   서비스가 어떤 부가 가치를 제공하는지 명확히 전달하고, 다른 경쟁 서비스와의 차별화 포인트를 강조합니다.
3. 행동 촉구, 요약

(이하 생략)

Next Step ≫ 더 좋게 만들기!

📧 계약 성사를 위한 방법을 묻기

계약이라는 목표를 확실히 이루기 위해 구체적인 행동 유도 방법을 질문한다. 효과적인 방법이 있는지 물으면 구체적인 답변을 들을 수 있다.

USER
행동을 이끌어내는 효과적인 방법이 있을까?

ChatGPT
행동을 효과적으로 이끌어내기 위해서는 다음 방법들을 고려하는 것이 중요합니다.
1. 구체적인 행동 목표 제시: 거래처에 대해 구체적인 행동 목표를 제시하십시오. 예를 들어, 서비스 도입을 위한 계약 체결, 데모 일정 조정, 또는 무료 체험 신청 등이 있습니다. 명확한 목표가 있으면 거래처는 다음 단계를 구체적으로 파악할 수 있습니다.
2. 가치와 이점 강조: 행동 촉구 시, 서비스 도입으로 얻을 수 있는 구체적인 가치와 이점을 강조하십시오. 예를 들어, 비용 절감, 생산성 향상, 고객 만족도 향상 등 구체적인 이점을 보여주면 거래처가 행동을 취할 의욕이 높아집니다.
3. 기한 설정: 거래처에게 행동을 취할 기한을 설정하여 긴급감을 조성하십시오. 예를 들어, '특별 캠페인은 한 달 후까지 유효합니다'라는 구체적인 기한을 제시하면 거래처에게 행동을 촉구할 수 있습니다.

프레젠테이션의 목적은 **상대의 행동을 이끌어내는 것**이다. 상품이나 서비스 내용을 충분히 이해시키고 구매나 계약으로 연결하거나, 기획 내용을 잘 전달해 기획을 통과시키려면 프레젠테이션의 내용을 빈틈없이 준비해야 한다. 프레젠테이션의 최종 목표나 제공할 서비스 내용을 프롬프트에 입력하면, 출력되는 구성안의 설득력이 높아진다.

+α 적절한 행동을 유도해 목표 달성을 노리기

구체적인 **행동 유도** 방법을 물어보면 **목표에 더 가까운 프레젠테이션을 만들 수 있다.** 위 예시에서는 목표별로 유용한 행동 유도법을 여러 가지 제시하고 있다. 구체적인 예를 들어주는 항목도 있어서, 좋은 아이디어는 그대로 프레젠테이션이나 영업에 적용할 수 있다. 청중을 끌어들이는 시작 방법이나 서비스·상품의 매력을 효과적으로 부각시키는 문제 제기 방법 등을 참고하면 프레젠테이션의 신뢰성을 높일 수 있다.

또, 프레젠테이션 내용을 정리할 때 슬라이드 구성을 짜거나 각 항목의 적정 비율을 안내받을 수 있다. '**슬라이드를 ○장으로 요약해줘**'라고 지시하면, **지시한 매수에 맞춘 슬라이드 구성도 출력할 수 있다.** 대본을 입력한 뒤 '**이 구성으로 슬라이드를 짤 때 슬라이드별 구성을 생각해줘**'라고 지시하면 대본에 맞춘 구성도 만들 수 있다.

이런 방법을 쓰면 상품·서비스의 강점을 빠짐없이 정확히 전달할 수 있을 것이다.

Scene// 상담 · 프레젠테이션　　#아이디어 도출　#생각의 힌트

활용법 21
고객에게 강조해야 할 내용을 정리해줘

POINT

① 제안할 내용 세부 사항 명확히 하기
② 제안할 대상 지정
③ 강조해야 할 점과 반드시 확인해야 할 점 알려달라고 지시

USER
지어진 지 30년 된, 시청역에서 도보 10분 거리, 7평 크기의 침실과 주방이 분리된 소형 아파트를 고객에게 제안할 때, 강조해야 할 점과 꼭 확인해야 할 점을 알려줘.
①　　　　　　　　　　　　　②　　　　　　　　　　　　　③

ChatGPT

강조해야 할 점:
1. 편리한 위치: 매물이 시청역에서 도보 10분 거리에 위치하고 있다는 점을 강조합니다. 교통 접근성이 좋으며, 도심으로의 이동이 원활합니다.
2. 오랜 실적: 이 매물이 30년 동안 임차인이 끊이지 않았다는 점을 어필합니다. 장기적으로 안정적인 주거 환경을 제공할 수 있음을 전달합니다.

확인해야 할 점:
1. 건축 연수에 따른 수리 및 시설 점검: 이 매물은 30년 된 건물이므로, 건물의 상태나 설비의 노후화 여부를 확인하고, 필요한 수리나 유지 보수가 진행되었음을 고객에게 전달합니다.
2. 주변 환경 소개: 매물 주변에 어떤 시설이나 편의 시설이 있는지, 생활에 편리한 환경이나 매력적인 요소들을 전달합니다. 예를 들어, 근처에 공원, 슈퍼마켓, 레스토랑 등이 있는 점을 소개합니다.

이러한 핵심들을 조합하여 고객에게 매력적인 침실과 주방이 분리된 소형 아파트 매물을 제안할 수 있습니다. 다만, 고객의 니즈와 우선순위에 따라 조정하고, 다른 매물들과 비교하여 제안을 진행하는 것이 중요합니다.

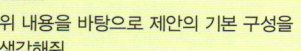

✦✉ **제안의 핵심을 뽑기**

장점이나 핵심 포인트가 나왔을 때 프레젠테이션이 장황해지지 않게 제안의 핵심만 뽑도록 한다.

USER
위 내용을 바탕으로 제안의 기본 구성을 생각해줘.

ChatGPT

1. 도입
   - 시작 부분에서 고객의 관심을 끌 수 있는 인용문이나 흥미로운 통계 데이터를 사용합니다. 예를 들어, 도심의 주택 가격 상승이나 수요 증가 등의 트렌드를 소개합니다.
   - 역에서 도보 10분이라는 편리한 위치에 초점을 맞춰, 제안의 도입 부분으로 활용합니다.
2. 과제 제시
   - 도심의 주택 가격 급등과 역세권 물건에 대한 수요 증가 등 시장의 문제나 상황을 설명합니다.
3. 제안
   - 매물의 특징이나 장점을 자세히 설명합니다. 예를 들어, 구체적인 방 배치, 시설, 발코니나 수납 공간의 유무 등을 언급하며, 고객의 니즈에 부합하는 점을 강조합니다.

이 구성을 바탕으로 고객에게 매력적인 제안을 할 수 있는 프레젠테이션을 만들 수 있습니다. 중요한 것은 고객의 니즈와 관심사에 초점을 맞추고, 제안 내용을 구체적이고 명확하게 전달하는 것입니다.

고객에게 상품이나 서비스를 제안할 때, 제시할 **장점**이나 **고려해야 할 사항**을 이해하는 데 도움이 되는 프롬프트다.

이 프롬프트를 잘 활용하려면 상품이나 서비스에 대한 객관적이고 자세한 정보를 입력하는 것이 필요하다. 제안 시 핵심을 활용하는 방법도 함께 알려주고 있다. 여기에 더해 **고객의 정보나 니즈를 입력하면, 이에 맞춘 제안 내용을 출력할 수 있다.**

+α 간결하면서도 핵심을 짚은 제안하기

제안을 진행할 때는 **상품이나 서비스의 장점과 핵심을 강조하는 것이 중요하다.** 간단한 제안을 원하면 '**간결하게, 강점과 핵심이 전달되도록**' 지시하면 쉽게 작성할 수 있다. 경쟁사와 비교할 때는 자사 제품이나 서비스가 다른 회사와 어떻게 다른지를 명확히 강조하는 게 관건이다. **가격, 품질, 기능, 지원 같은 항목에 초점을 맞춰 차별화 요소를 분명히 하자.** 또 고객의 니즈와 요구를 파악해, 그에 맞춘 제안을 해야 한다. 고객에게 필요한 가치를 제공하면 만족도를 높일 수 있다.

요약하면, 효과적인 제안을 위해서는 강점과 핵심을 짧고 굵게 전하고, 차별화 포인트를 드러내며, 고객 니즈에 부합해야 함을 의식해야 한다.

Scene // 상담 · 프레젠테이션   #분류하기   #비용절감   #조사 · 분석

활용법
22 제조 부품의 비교표를 작성해줘

POINT

① 비교표 작성
② 기여도 평가 항목 추가
③ 부품의 데이터 및 수치 입력

USER
다음 각 부품의 비교표를 작성하고①, 회사에 대한 기여도가 높은지 평가한 뒤, 해당 평가를 항목에 추가해줘.②

- 제품명: A 부품, 가격: 3,500원, 크기: 26, 연간 생산 개수: 1,000, 매출액: 1000만 원
- 제품명: G 부품, 가격: 5,500원, 크기: 42, 연간 생산 개수: 300, 매출액: 3000만 원
- 제품명: Y 제품, 가격: 8,000원, 크기: 97, 연간 생산 개수: 2,500, 매출액: 2500만 원
- 제품명: F 제품, 가격: 12,000원, 크기: 71, 연간 생산 개수: 800, 매출액: 400만 원

ChatGPT

제품명	가격(원)	크기	연간 생산 개수	매출(만 원)	기여도 평가
A부품	3,500	26	1,000	1,000	★★★
G부품	5,500	42	300	3,000	★★★★
Y제품	8,000	97	2,500	2,500	★★★★
F제품	12,000	71	800	400	★★

Next Step ≫ 더 잘 활용하기!

✦ ✉ 가격 변동에 따른 영향 반영

색상이나 형태 같은 기본 정보 외에도 부품별 비용 증가에 따른 영향을 물어본다. 수치 같은 구체적인 정보를 입력하면 더욱 자세한 평가를 받을 수 있다.

USER
크기가 1 증가할 때마다 비용이 1,000원 증가한다고 가정했을 때, 그 점을 고려하여 각 부품의 기여도를 비교해줘.

ChatGPT
부품의 크기가 1 증가할 때마다 생산 비용이 1,000원 증가한다는 정보를 고려하여, 기여도를 비교한 표는 다음과 같습니다.

제품명	가격(원)	크기	연간 생산 개수	매출 (만 원)	생산 비용 증가액(원)	총비용 (만 원)	기여도 평가
A부품	3,500	26	1,000	1,000	0	350	★★★★
G부품	5,500	42	300	3,000	16,320	816	★★★
Y제품	8,000	97	2,500	2,500	72,420	2,812.5	★★★
F제품	12,000	71	800	400	45,900	576	★★★★

복잡하게 나열된 정보를 정리하고 싶을 때, ChatGPT에 정보를 그대로 입력하기만 하면 **비교표**를 만들 수 있다. 정보를 정리하고 분류함으로써 현재 상황을 정확히 분석할 수 있다.
특히 정보량이 많을 경우, 정보를 파악하는 데 시간이 걸리기 때문에 **ChatGPT를 활용해 비교표를 만들면 시간을 크게 절약할 수 있다.** 이번 예시는 하나의 항목에 대한 정보량이 많은 경우였지만, 비교표로 만들면서 시각적으로 알기 쉽게 정리되었다.
다만, 정보량에 따라서 ChatGPT가 정확히 정보를 읽어들이지 못해 표 생성이 제대로 되지 않을 수도 있다. 그런 경우에는 '부품별로 정보를 정리하기' → '기준별로 배열하기'와 같이 순서를 따라가며 지시를 내리는 것이 좋다.

+α 정보를 분류하고 정리해 해결에 활용

일상 업무 속에서 얻은 정보를 정리하고, 자신은 물론 다른 직원들과도 공유할 수 있는 형태로 서식화하는 것은 **비즈니스 실무자**에게 요구되는 능력 중 하나다. **정리와 분류를 효율적이고 정확하게 수행하면 업무 전체의 투명성 향상, 효율화, 팀 내 정보 공유 등 다양한 상황에서 도움이 된다.**
ChatGPT는 글에서 요점을 추출해 표로 정리하거나, 주어진 정보를 **주제별로 분류**하는 데 능하다. 또한 **주어진 정보의 공통점을 찾아 공통 항목별로 다시** 정리하거나, 데이터를 정리해 그래프나 표로 만들 수도 있다.
주목할 점은 복잡한 정보라도 ChatGPT를 이용하면 어떤 형태로든 정리하거나 분류할 수 있다는 것이다. 또, **서로 다른 항목이나 정보를 조합하면 새로운 아이디어나 해결책이 떠오를 수 있다.** 이러한 방법을 잘 활용해 ChatGPT를 효과적인 정보 정리 도구로 삼고, 비즈니스상의 의사 결정이나 과제 해결에 활용하면 좋다.

Scene // 상담 · 프레젠테이션　　　#아이디어 도출　#생각의 힌트

활용법 23 프레젠테이션에 사용할 슬라이드 내용을 구상해줘

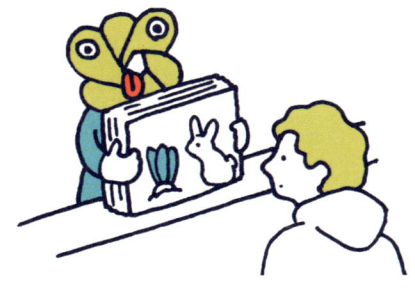

POINT
① 프레젠테이션 대상 지정
② 슬라이드 구성 구상 지시
③ 프레젠테이션 내용 입력

USER
다음은 <u>신상품 아이디어야</u>①. 이 상품을 프레젠테이션 하기 위한 <u>슬라이드 구성을 고민해줘</u>②.

　③ 신상품: 손 보호대가 달린 칼
　특징: 커버가 부착되어 있다. 이 커버는 식재료에 닿지 않도록 식재료를 감싸는 방식으로 움직이도록 설계되어 있다. 안전하고 효율적으로 조리를 할 수 있다. 초보자나 어린이부터 전문 요리사나 요리 애호가까지 폭넓은 층이 타깃이다.

ChatGPT
다음은 손 보호대가 달린 칼을 프레젠테이션하기 위한 슬라이드 구성안입니다.
슬라이드 1: 제목 — 손 보호대 칼: 안전하고 효율적인 조리의 새로운 시대
슬라이드 2: 이미지 — 손 보호대가 달린 칼의 외관 사진 제시
슬라이드 3: 특징 — 칼날 끝에 탈부착 가능한 커버가 있음. 커버는 식재료에 닿지 않도록 식재료를 감싸듯이 움직이는 구조로 되어 있음
슬라이드 4: 장점 ① — 안전성 향상: 칼날이 커버로 덮여 있어 부상을 방지함, 초보자나 어린이도 안심하고 사용 가능, 손 보호대가 식재료를 고정시켜 부상 위험을 줄임
슬라이드 5: 장점 ② — 정확한 절단: 손 보호대가 식재료를 안정적으로 잡아 주기 때문에 정확하고 균일하게 자를 수 있음
슬라이드 6: 장점 ③ — 식재료 낭비 감소: 정확하고 균일하게 자를 수 있어 식재료 낭비를 줄일 수 있음

슬라이드 7: 장점 ④ — 사용 용이성: 기존 칼과 사용 방법이 같으므로 조리법 변경이나 특별한 교육이 필요 없음

슬라이드 8: 타깃층 — 초보자와 어린이부터 전문 요리사, 요리 애호가까지 폭넓은 층이 대상

슬라이드 9: 이미지 — 실제로 손 보호대가 달린 칼을 사용하고 있는 사람의 사진 제시

슬라이드 10: 제안 메시지 — 안전하고 효율적인 조리를 추구하는 여러분께, 새로운 손 보호대 부착 칼을 꼭 사용해 보시길 바랍니다

슬라이드 11: 문의처 — 연락처 및 상품 구매 정보 표시

슬라이드 12: 종료 슬라이드

업무에서 **프레젠테이션**을 할 때 슬라이드 구성을 어떻게 해야 할지 고민하는 경우가 있을 것이다. **프레젠테이션할 내용을 지정하고 '슬라이드 구성을 생각해줘'라고 지시하면, 전체 슬라이드 구성을 출력해준다.** 또한 프레젠테이션의 소요 시간을 설정하면, 그 시간에 맞춰 슬라이드 분량을 조정할 수도 있다.

슬라이드 구성 프롬프트 변형 예시

 슬라이드를 지금의 절반으로 줄였을 때의 구성을 생각해줘.

 15분 안에 발표할 수 있도록 슬라이드를 조정해줘.

+α 슬라이드를 더욱 상세하게 구성

ChatGPT에게 **슬라이드에 추가해야 할 항목**을 물어볼 수도 있다. 부족한 정보를 질문함으로써 전달하고 싶은 내용을 보다 구체적으로 표현할 수 있다. '**슬라이드에 추가하면 좋은 항목을 알려줘**', '**빠진 항목을 알려줘**'라고 지시하면, 프레젠테이션에서 부족한 부분을 보완해 보다 설득력 있는 자료로 다듬을 수 있다.

또한 '**이 항목들을 추가한 슬라이드 구성안을 만들어줘**'라고 지시하면, 추가된 항목을 반영한 새로운 슬라이드 구성안을 작성하게 할 수도 있다. **ChatGPT를 활용해 자신의 프레젠테이션을 객관적으로 점검하고 지속적으로 개선하면서, 프레젠테이션의 완성도를 높여가자.**

또, 프롬프트 안에서 목표를 설정하는 것도 효과적이다. '**고객이 이 상품을 구매하게 하자**', '**이 서비스를 도입하게 하자**' 같은 목표를 추가하면 그 목표에 맞춰 적절한 접근 방법도 제안해준다.

Scene // 상담・프레젠테이션 #글작성 #시뮬레이션

활용법
24 프레젠테이션 대본을 작성해줘

POINT
① 프레젠테이션 주제 지정
② 대본 구상 지시
③ 프레젠테이션 내용의 방향 지정

USER
다음은 <u>신상품 아이디어</u>야①. 이 상품을 <u>고객에게 발표하는 프레젠테이션 대본을 생각</u>②
<u>해줘</u>.

③
상품명: 안전 잠금 기능이 있는 믹서기
특징: 믹서기를 작동 중에 실수로 스위치를 켜거나 뚜껑을 여는 것을 방지하기 위한 잠금 기능이 탑재되어 있습니다. 뚜껑 센서가 장착되어 있어 뚜껑이 제대로 끼워지지 않으면 믹서기가 작동하지 않는 시스템입니다.

ChatGPT
[프레젠테이션 대본]
(발표자가 무대에 올라가며 슬라이드에 '안전 잠금 기능이 있는 믹서기'라는 제목을 표시합니다)
발표자: 여러분, 오늘 이렇게 새로운 혁신적인 주방 가전 제품인 '안전 잠금 기능이 있는 믹서기' 프레젠테이션에 참석해주셔서 진심으로 감사합니다. 저희 팀은 안전성과 사용 편의성을 중시하여 이 획기적인 제품을 개발하였습니다. 마지막까지 즐겨주시기 바랍니다.

(슬라이드에 '특징' 항목을 표시합니다)
발표자: 먼저 '안전 잠금 기능이 있는 믹서기'의 특징을 소개하겠습니다.
(슬라이드에 특징을 하나씩 표시하며 설명합니다)

(특징 1) 안전 잠금 기능: 믹서기 작동 중 실수로 스위치를 켜거나 뚜껑을 여는 것을 방지하기 위한 특별한 잠금 기능이 있습니다. 이로 인해 오작동에 의한 사고를 예방할 수 있어, 안전하게 사용하실 수 있습니다.

(특징 2) 커버 센서: 뚜껑이 올바르게 끼워지지 않으면 믹서기가 작동하지 않도록 설계되어 있습니다. 이를 통해 사고를 미연에 방지할 수 있습니다.

(슬라이드에 문의처와 출시일을 표시합니다)
발표자: 오늘의 발표가 여러분에게 유익한 정보가 되었기를 바랍니다. 관심이 있으시면, 상세 정보나 문의처는 슬라이드에 표시되어 있으니, 언제든지 연락 주시기 바랍니다. 감사합니다.

(발표자가 인사를 하며 프레젠테이션 종료합니다)

프레젠테이션을 준비할 때는 슬라이드 제작 외에도 **발표용 대본**을 작성하는 경우가 있다. 이때 ChatGPT에게 '**프레젠테이션 대본을 구상해줘**'라고 지시하면, **슬라이드 구성안과 함께 대본이 생성되어 프레젠테이션의 전체적인 이미지를 그릴 수 있다. 프롬프트에 적은 내용이 그대로 대본에 반영되므로, 발표하고 싶은 핵심을 미리 정리해 프롬프트에 입력하는 것이 좋다.**

> 프레젠테이션 대본 작성 프롬프트 변형 예시

 프레젠테이션 도입부에 아이스브레이크를 넣고 싶으니 이야깃거리를 제안해줘.

 슬라이드 5번과 6번 사이에 ○○에 관한 페이지를 추가해줘.

+α 플러그인을 사용해 슬라이드를 작성

상품이나 서비스를 소개하는 프레젠테이션에서는 자료가 될 슬라이드도 중요하다. **PowerPoint** 등을 이용해 자료를 만드는 비즈니스 실무도 많을 것이다. 하지만 올바른 정보를 담으면서 보기 좋은 슬라이드를 만들려면 상당한 시간이 걸리는 것도 사실이다. 이런 경우에는 플러그인 **"Smart Slides"**를 이용해보자.

Smart Slides는 텍스트로부터 슬라이드를 생성해주는 플러그인이다. **프롬프트에 슬라이드의 내용이나 구성을 입력하면 슬라이드 형태로 완성해준다.**

ChatGPT가 출력해주는 슬라이드 구성을 활용하면 짧은 시간 안에 슬라이드를 만들 수 있을 것이다. 이때 ChatGPT에 입력하는 정보가 상세할수록 정확도도 높아질 가능성이 크다.

다만, 생성된 슬라이드를 바로 사용할 만큼 완성도가 높지는 않은 것이 현실이다. 따라서 **생성된 슬라이드를 초안 삼아 수정과 보완을 거쳐 완성도를 높이는 것이 좋다.** 처음부터 만드는 것보다 작업 효율이 훨씬 올라갈 것이다.

Scene // 상담 · 프레젠테이션   #아이디어 도출   #생각의 힌트

활용법 **25**

슬라이드의 디자인을 제안해줘

POINT
① 슬라이드에 구체적인 내용 담기
② 슬라이드 디자인 안 제안 요청

USER
자사 서비스 제안을 위한 슬라이드를 만들고 싶어. 슬라이드 디자인에 대한 아이디어를 제시해줘.

ChatGPT
다음은 서비스 제안용 슬라이드 디자인 안입니다:

1. 색상 구성:
   컬러 팔레트는 브랜드의 이미지나 로고에 기반한 색상을 사용하는 것이 좋습니다. 강조하고 싶은 요소에는 선명한 색을 사용하고, 색상 수는 적절히 제한하는 것이 좋습니다. 또한, 배경과 텍스트에는 차분한 색을 선택하여 균형을 맞춥니다.
2. 레이아웃:
   슬라이드의 레이아웃은 간단하고 깔끔하게 구성하여 정보 전달이 용이하도록 합니다. 각 슬라이드에는 하나의 주요 메시지를 집중하여 시각적으로 명확하게 배치합니다.
3. 폰트:
   읽기 쉬운 폰트를 선택하고, 제목과 본문에 다른 폰트를 사용하여 시각적인 구분을 돕습니다. 폰트 크기는 충분히 크게 설정하여 슬라이드를 보기 쉽게 만듭니다.
4. 아이콘과 일러스트: 아이콘이나 일러스트를 사용하면 정보를 시각적으로 보완하고 이해를 돕는 데 유효합니다. 브랜드의 아이덴티티에 맞는 디자인을 선택하면 일관성이 유지됩니다.

5. **그래프와 차트**: 숫자 데이터를 보여줄 때는 이해하기 쉬운 그래프나 차트를 활용하여 시각화하면 효과적입니다. 데이터가 더 잘 전달될 수 있습니다.

이 디자인 아이디어들을 조합하여 독창적이고 매력적인 서비스 제안용 슬라이드를 만들 수 있습니다. 제안하는 서비스의 특징이나 타깃 청중에 맞게 적절히 맞춰 설정하세요.

ChatGPT를 활용하면 프레젠테이션 **슬라이드의 효과적인 디자인도 구상**할 수 있다. 프롬프트에서 슬라이드 제작이나 발표 목적을 지정하고 '**디자인 안을 제시해줘**'라고 지시하면, **레이아웃, 폰트, 아이콘**별로 상세한 제안을 출력해준다. 레이아웃이나 색상 조합은 물론, 슬라이드에 담을 내용의 아이디어까지 함께 제시해주기 때문에, 효과적인 슬라이드를 만드는 데 큰 도움이 된다.

+α 간단한 요청만으로 슬라이드를 완성

플러그인 **"Slide Maker"를 이용하면 텍스트로 간단한 슬라이드를 빠르게 만들 수 있다.**

프롬프트에 'ChatGPT에 관한 슬라이드를 만들어줘'처럼 주제만 지정해 지시해도 충분하다. 답변과 함께 Slide Maker 링크가 출력되기 때문에, 해당 링크를 통해 슬라이드를 열람할 수 있다. 또한 슬라이드를 편집하거나 PowerPoint 또는 Google 슬라이드로 변환하는 것도 가능하다.

실제로 위와 같은 프롬프트를 입력해본 결과, 간단한 템플릿을 사용해 7장의 슬라이드를 만들어줬다. 다음은 ChatGPT의 개요를 설명하는 슬라이드다.

프롬프트에서 슬라이드 수나 구성 등을 지정하면, 그 조건에 맞춘 슬라이드를 만들어준다. 프레젠테이션 자료 초안으로 활용하면 작업 효율이 높아질 것이다.

다만, 사용하는 템플릿은 매번 동일한 것으로 보이므로 주의가 필요하다.

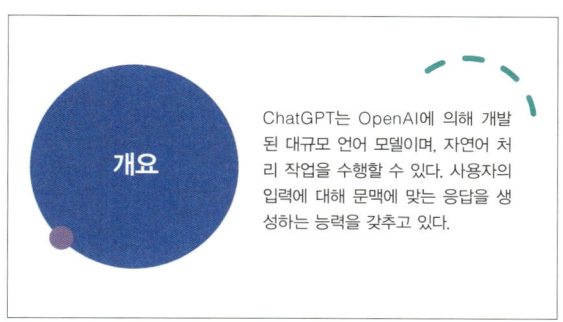

Slide Maker를 사용해 제작한 슬라이드 예시

Scene // 보도자료　　　　　　　　　　　　　　#글작성　#생각의힌트

활용법 26
보도자료에 작성해야 할 내용을 알려줘

POINT
① 서비스·상품 분야 지정
② 보도자료에 쓸 항목 목록 작성 요청

USER
실용적인 모바일 앱을 공개할 예정이야.① 보도자료에 포함해야 할 내용을 목록으로 작성해줘.②

ChatGPT
앱을 공개하는 보도자료를 작성할 때 포함해야 할 내용은 다음과 같습니다:

1. 제목: 앱 공개를 명확하고 매력적으로 전달하는 제목을 작성합니다.
2. 회사 정보: 회사명, 위치, 설립 연도 등 회사에 관한 기본 정보를 제공합니다.
3. 앱 개요: 앱의 기능, 목적, 특징, 장점 등을 간결하게 설명합니다.
4. 타깃 사용자: 앱이 어떤 사용자층을 대상으로 개발되었는지, 구체적인 사용자층에 대해 서술합니다.
5. 문제 해결: 앱이 해결하는 문제와 사용자가 얻을 수 있는 이점에 대해 설명합니다.
6. 주요 기능: 앱의 주요 기능과 그 핵심을 나열합니다. 사용자 경험: 앱의 사용 용이성, 직관적인 인터페이스, 맞춤 설정 가능성 등 사용자 경험에 관한 정보를 제공합니다.
7. 결론: 보도자료를 마무리하는 문장으로 앱의 가치와 독창성을 다시 강조합니다.

이 내용들은 앱의 매력을 잘 전달하는 보도자료를 작성하는 데 필요한 요소들입니다. 이들을 적절히 조합하여 앱의 특징을 강조하는 것이 중요합니다.

Next Step » 더 잘 활용하기!

필요한 항목만 뽑기

ChatGPT가 작성한 문장이 너무 길거나 정보가 많아질 때는, 고객에게 상품이나 서비스의 핵심이 잘 전달되도록 '필요한 항목만 뽑아줘'라고 지시하면 된다.

USER
필요한 항목만 뽑아서 목록으로 작성해줘.

ChatGPT
다음은 더 간결한 목록입니다.

1. 제목
2. 회사 정보
3. 앱 개요
4. 타깃 사용자
5. 문제 해결/혜택
6. 주요 기능
7. 플랫폼
8. 다운로드 및 사용 방법
9. 가격

이 요소들을 포함하면 간결하고 효과적인 보도자료를 작성할 수 있습니다. 필요에 따라 다른 요소를 추가할 수도 있습니다.

공개할 상품이나 서비스 정보를 알기 쉽게 전달하는 보도자료에서는, **타깃**에게 내용이 전달될 수 있도록 전하고 싶은 정보를 간결하면서도 빠짐없이 정리해야 한다.

정보 선별 방법이나 효과적인 정리 방법에 관해서도 ChatGPT를 활용하자. **항목별로 정리한 내용을 출력해주기 때문에, 보도자료의 구성을 생각할 때 좋은 힌트를 얻을 수 있다.**

+α 보도자료의 완성도를 더욱 높이는 방법

보도자료 내용을 간결하게 만들고 싶을 때는 처음 출력된 목록을 참고해 '**간략하게 정리해줘**'라고 지시하면 좋다.

상품이나 서비스의 구체적인 내용이 적혀 있지 않거나, 내용이 정확하지 않을 수도 있기 때문에, 상품·서비스를 잘 아는 사람이 **적절한 시점에 확인하고 수정하면서 보도자료를 작성해야 한다.**

보도자료 작성에서는 메시지의 일관성을 유지하는 것도 중요하다. 또, **타깃 고객을 의식해 적절한 어휘와 톤을 선택하는 것도 필요하다.** 독자가 공감하기 쉬운 내용을 담으면 홍보 효과를 높일 수 있다.

또한 보도자료의 구성을 서식으로 정리하고 싶을 경우, '**목록과 내용을 표로 만들어줘**'라고 프롬프트에 입력하면 목록을 표 형태로 출력할 수도 있다.

Scene // 보도자료   #글작성 #생각의 힌트

활용법

상품이나 서비스 정보를 바탕으로 보도자료를 작성해줘

POINT

① 보도자료 주제 지정
② 보도자료 작성 요청
③ 보도자료 내용 입력

USER
다음 서비스에 대한 보도자료를 작성해줘.

고객은 여행 예약을 할 수 있고, 관광 및 숙박 시설은 그 자리에서 예약 관리가 가능한 웹 서비스를 공개했습니다. 시설 정보를 보고 바로 예약을 할 수 있으며, 관광 및 숙박 시설 측은 이 웹사이트에서의 예약뿐만 아니라 다른 사이트에서의 예약도 일괄 관리할 수 있습니다. 시설 수는 향후 증가할 예정입니다.

ChatGPT
다음은 위의 서비스 공개를 위한 보도자료 예시입니다.

여행 예약부터 예약 관리까지 일원화할 수 있는 새로운 웹 서비스 공개
[기업명]은 여행 예약과 시설 관리를 원활하게 연결하는 혁신적인 웹 서비스를 공개했습니다. 이 새로운 서비스로, 고객은 쉽고 빠르게 여행 예약을 할 수 있으며, 관광 및 숙박 시설 측은 일괄적으로 예약 관리가 가능합니다.
기존의 여행 예약 프로세스에서는 여러 사이트나 플랫폼을 이용해야 하고, 예약 정보 및 관리에 많은 시간과 노력이 들었습니다. 그러나 [기업명]의 신서비스를 이용함으로써 이러한 문제들이 한 번에 해결됩니다.
이 서비스에서는 사용자가 당사의 웹사이트를 통해 다양한 관광 및 숙박 시설 정보를 확인하고 즉시 예약할 수 있습니다. 사용자 친화적인 인터페이스와 직관적인 조작 방식 덕분에 사용자는 목적지와 일정에 맞는 최적의 시설을 쉽게 찾을 수 있습니다.

[기업명]의 서비스는 현재 제휴된 시설 수를 앞으로 계속 확대할 계획입니다. 다양한 관광 및 숙박 시설들이 참여하여, 고객에게 더 많은 선택지를 제공할 수 있도록 노력할 것입니다.

앞으로도 [기업명]은 더 편리하고 효율적인 여행 예약과 시설 관리 서비스를 제공하며, 고객에게 더 큰 가치를 제공할 수 있도록 계속해서 발전해나갈 것입니다.

본 건에 대한 문의처:
[기업명]
담당자 이름
전화번호
이메일 주소

신서비스의 공개나 상품 발표에 맞춰 **보도자료**를 작성할 때도 ChatGPT를 활용할 수 있다. 보도자료 내용은 구체적이고 알기 쉬운 표현이어야 한다. 프롬프트에 신서비스나 상품의 구체적인 내용을 입력하고 '**보도자료를 작성해줘**'라고 지시하면, 보도자료 초안을 출력해준다. 정보에 오류나 부족함이 없는지 잘 확인하고, 세부 사항은 보완하도록 하자.

보도자료 작성 프롬프트 변형 예시

 보도자료를 SNS에서 공지할 때 사용할 게시글을 작성해줘.

 타깃이 ○○임을 쉽게 알 수 있는 제목 아이디어를 제시해줘.

+α 보도자료의 각 항목을 수정

추가 프롬프트를 사용해 본문에서 제목을 만들거나, 한 장에 맞춰 본문을 간단히 정리할 수 있다.

또한 **SNS**에서 보도자료를 알릴 때 사용할 문구를 생각해볼 수 있다. '**SNS로 이 보도자료를 알리기 위한 문장을 만들어줘**'라고 요청하면 된다.

그 외에도 보도자료에 사용할 이미지나 사진 아이디어를 모을 수 있다. 제목, 이미지, 사진 등 보도자료의 세부 사항을 추가 프롬프트로 완성하고, 이를 자신이 확인하고 수정해가며 타깃에 맞는 보도자료를 만들 수 있다. 만약 문장이 너무 길다면, '**본문을 더 간단히 정리해줘**'라고 지시하면 된다.

타깃을 지정해서 더 주목받기 쉬운 제목안을 만드는 일도 효과적일 것이다. 타깃을 설정해 더 주목받는 제목을 만들고 싶으면 '**타깃이 ○○일 때 이해하기 쉬운 제목을 제시해줘**'라고 입력하면 된다.

Scene // 보도자료   #평가·비평   #기사·블로그   #시뮬레이션

활용법 28

문장에 논란이 될 위험이 없는지 확인해줘

POINT

① 문장 내용 분명히 하기
② 논란을 일으킬 수 있는 위험한 표현이 있는지 확인 요청
③ 원문 입력

USER
다음 문장을 새로운 앱의 보도자료에 사용할 거야.① 차별적, 모욕적이거나 부적절한 표현이 포함되어 있는지 확인해줘.②

③ 20XX년 X월 X일, 저희 회사는 비즈니스맨을 위한 독서 앱 "TraditionReads"를 출시했습니다. 이 앱은 비즈니스 성공에 필요한 비즈니스 서적과 고전적인 저서를 중심으로 제공합니다. 전통적인 비즈니스 가치관과 이론에 기반하여 전문성을 높일 수 있는 앱입니다. 또한, 요약된 내용을 제공하여 바쁜 비즈니스맨들도 짧은 시간 안에 내용을 파악할 수 있습니다. 책을 다운로드해 오프라인으로도 접근할 수 있습니다. 더욱이 앱 내 포럼을 통해 다른 비즈니스맨들과 교류하며, 비즈니스 서적에 대한 리뷰와 비즈니스 관련 지식을 공유할 수 있습니다.

ChatGPT
이 글이 논란을 일으킬지 여부는 문맥이나 독자층에 따라 달라집니다. 일반적으로 이 글은 비즈니스 전문가를 대상으로 한 독서 앱의 보도자료로, 특별히 공격적인 요소나 논란을 일으킬 만한 가능성은 보이지 않습니다. 다만, 해석은 개인에 따라 다를 수 있으므로, 문맥이나 독자층에 적합한 내용인지 확인하는 것이 중요합니다. 논란을 피하려면, 더 포괄적이고 다양성을 존중하는 언어를 사용하거나, 민감할 수 있는 주제에 대해서는 신중하게 접근하는 것이 도움이 될 수 있습니다.

Next Step >> **더 좋게 만들기!**

✉️ **다양성에 유의한 문장을 만들기**

정치적 올바름을 고려한 표현은 외부 배포 문서에서 중요하다. 다양성에 맞게 표현을 수정하자.

USER
정치적 올바름을 고려해서 문장을 다시 작성하고 개선점을 알려줘.

ChatGPT
20XX년 X월 X일, 당사는 "TraditionReads"라는 비즈니스 전문가를 위한 독서 앱을 출시했습니다. 이 앱은 비즈니스 성공에 기여하는 서적과 고전 문학을 제공합니다. 다양한 시각과 비즈니스 접근 방식을 중심으로 전문성을 향상시킬 수 있는 앱입니다. 또한, 요약된 콘텐츠도 제공되어 바쁜 비즈니스 전문가들이 짧은 시간 안에 정보를 파악할 수 있습니다. 서적은 오프라인으로 다운로드하여 접근할 수 있습니다. 또한, 앱 내 포럼을 통해 다른 비즈니스 전문가들과 교류하고, 비즈니스 서적에 대한 리뷰나 비즈니스 관련 지식을 공유할 수 있습니다.

정치적 올바름을 고려하여 개선한 점은 다음과 같습니다:
1. '비즈니스맨'은 성차에 관련된 표현으로 성별 중립적이지 않기에, '비즈니스 전문가'를 사용했습니다.
2. '전통적인 비즈니스 가치관과 이론'은 특정 시각을 강조하고 있기 때문에, '다양한 시각과 비즈니스 접근 방식'으로 대체하여 다양성을 존중했습니다.

최근에는 젠더를 비롯한 개인의 입장에 대한 사회적 인식이 변화하고 있다. 언뜻 문제가 없는 것처럼 보이는 문장도 **편견이나 차별적인 메시지**로 읽힐 수 있어, 논란을 일으킬 수 있다.

상품이나 서비스가 논란에 휘말리면, 상품과 서비스뿐만 아니라 회사 브랜드에도 큰 피해가 간다. 차별적이거나 모욕적인 표현이 없는지, 논란이 일어날 위험이 없는지 확인하자.

+α 젠더 관련 글은 특히 주의

인터넷과 SNS가 일상에 자리 잡은 현재는, 작성자가 논란에 휘말릴 위험이 충분하고 그로 인해 회사의 신뢰를 잃을 수도 있다. 이런 상황을 피하기 위해 기업에서 발행하는 글이나 게시물에 신경을 써야 한다. 이때, 글에 **논란의 위험이 없는지, 또는 법적 문제나 규정에 위반되지 않는지 ChatGPT로 확인하는 게 좋다.** 특히 젠더와 관련된 글은 작성자의 성차별적 사고가 드러날 가능성이 크다.

불특정 다수를 대상으로 할 경우, ChatGPT로 객관적인 점검을 받고, 위험 요소를 최소화해야 한다.

글을 프롬프트에 입력하고 **'논란이 될 만한 부분이 없는지 확인해줘'**라고 요청하면, 논란이 될 부분이나 찬반이 나뉠 가능성이 있는 표현을 찾아준다. 이런 부분을 수정하거나, ChatGPT에게 정치적 올바름에 맞춰 수정해달라고 지시할 수 있다.

Scene // 회의   #글작성   #시간절약

활용법 **29**

회의 개최 안내 메일을 작성해줘

POINT
① 글 형식 및 길이 지정
② 보고 이메일 작성 지시
③ 회의 개요 입력

USER
다음 내용을 <u>간결하게 항목별로 정리해서</u>①, <u>보고 이메일을 작성해줘</u>②.

③ 사내에서 프로젝트 회의를 개최합니다. 일시는 10월 15일 13:00~15:00, 장소는 제2회의실이며, 내용은 프로젝트의 배경, 역할 분담, 과제 관리에 대해 다룰 예정입니다.

ChatGPT
제목: 프로젝트 회의 개최 안내

여러분, 수고 많으십니다.
다음과 같이 프로젝트 회의를 개최하오니, 참석해주시기 바랍니다.

일시: 10월 15일 13:00~15:00
장소: 제2회의실
안건: 프로젝트 배경 공유, 역할 분담 공유, 목표와 과제 공유

이상, 잘 부탁드립니다.

 **Next Step » 더 잘 활용하기!**

 **대외용으로 수정하기**

거래처나 고객에게 보내는 이메일은 더 정중해야 한다. 답변을 다시 요청하는 프롬프트에 '외부용으로 수정해줘'라고 지시하면, 정보를 간단히 정리하고 서식을 맞춰준다.

 USER
이 이메일을 외부용으로 바꿔줘.

 ChatGPT
안녕하세요. [회사명]의 [이름]입니다.
이번에 당사에서는 다음과 같이 프로젝트 회의를 개최하게 되었음을 안내드립니다.

일시: 10월 15일 13:00~15:00
장소: 제2회의실

이번 회의에서는 다음 사항에 대해 상세히 논의하고 공유할 예정입니다.
1. 프로젝트 배경에 대한 설명
2. 역할 분담에 대한 확인 및 공유
3. 목표와 과제에 대한 논의 및 공유

혹시 궁금한 점이나 질문이 있으시면 언제든지 연락 주시기 바랍니다.
번거로우시겠지만, 잘 부탁드립니다.

정보를 정확하게 공유하기 위해, 결정 사항이나 일시 등 보고 사항은 최대한 간단하게 목록으로 정리하여 지시하는 것이 좋다.
이때, '간결하게'나 '짧게' 등의 지시를 추가하면, 보고 내용을 신속하게 전달할 수 있는 이메일 문장을 출력할 수 있다.
또한, '상사용'이나 '사내 전체용'과 같은 지시를 통해 보고 범위나 대상을 지정하면, **동일한 내용이라도 이메일에서의 표현이 적절하게 조정된다.**

+α 이메일 내용을 교정

회의 안내 이메일처럼 여러 사람에게 이메일을 보낼 때가 있을 것이다. 잘못된 정보를 보내면, 다시 이메일을 보내야 하므로 시간이 낭비된다. 또한, 수정된 이메일을 확인하지 않으면 잘못된 정보가 그대로 인식될 수 있다. **혼란을 피하려면 이메일을 보낼 때 철저한 확인이 필요하다.**
하지만 실수로 확인을 놓치는 경우가 있을 수 있다. 그럴 때는 이메일 초안을 작성하고 ChatGPT에게 확인해달라고 요청하면 된다. **문법, 철자 확인은 물론, 빠진 항목이나 내용이 없는지, 구체적인 개선 사항을 피드백 받을 수 있다.**
이메일이 길거나 사항이 여러 가지일 때, ChatGPT에게 한번 확인을 받으면 업무의 정확도를 높일 수 있다.

Scene // 회의   #글작성 #시간절약

활용법
30 회의 자료를 작성해줘

POINT
① 자료 사용 목적 분명히 하기
② 자료 작성 지시
③ 자료 내용 입력

USER
회의에서 사용할 자료를 ① 작성해줘. ② 내용은 다음과 같아.

③
정기 회의
개최 일시: 7월 7일
내용:
- 회의 목적 확인 및 공유, 월별 사업 보고 및 문제점 도출
- 각 부서의 현황 보고 및 문제 공유, 문제 개선을 위한 논의
- 업무 할당 및 일정 조정, 진행 상황 관리 및 납기 확인 등
- 기타 공유 사항 및 질의응답

ChatGPT
정기 회의 자료
[회사명·부서명][회의명: 정기 회의][개최 일시: 7월 7일]
[개요]
이번 정기 회의는 부서 간의 협력 강화와 문제 해결을 목표로 개최됩니다. 각 부서의 진행 상황과 문제를 공유하고 개선 방안을 논의하여 조직 전체의 업무 효율성을 향상시키는 것을 목표로 합니다.
[안건]
회의 목적 확인 및 공유:
정기 회의의 목적과 의미를 재확인하고, 모든 참가자가 공통의 이해를 갖도록 합니다.
기타 공유 사항 및 질의응답:
기타 부서 간에 공유해야 할 중요한 사항이나 참가자들의 질문에 대해 답변합니다.

Next Step >> 더 잘 활용하기!

✦ 📩 **포맷을 작성하기**

서식을 만들면 자료 작성 시간을 줄일 수 있다. 추가 프롬프트로 생성된 내용을 바탕으로 서식을 만들자.

USER
이 자료를 참고해서 정기 회의 자료 서식을 만들어줘.

ChatGPT
[회사명·부서명][회의명: 정기 회의][개최 일시: 개최 일시를 입력]
[개요]
정기 회의는 부서 간의 협력을 강화하고 업무의 진척 상황 및 문제를 공유하고 해결하기 위해 정기적으로 개최됩니다. 각 부서의 의견 교환을 활발히 하여 조직 전체의 업무 효율 향상을 목표로 합니다.
[안건]
회의의 목적 확인 및 공유
정기 회의의 목적과 개최 의의를 공유하고, 참석자 전원이 이해합니다.
[주의 사항]
참석자는 사전에 보고서 및 자료를 확인하고 회의에 대비해주세요. 시작 시간과 종료 시간을 엄수하며, 효율적인 회의를 위해 노력합시다.
[회의 장소][회의 장소의 상세 정보]
[참석자][참석자의 이름·직책·부서][기타 특기 사항이나 전달 사항]

예정된 **회의 자료**를 만들면, **한정된 시간 안에 효율적으로 회의를 진행할 수 있다.**
안건은 '계획'을 의미하고, **회의에서는 주로 논의할 내용을 뜻한다.** 안건을 프롬프트에 입력하고 자료 작성을 지시하면, 내용을 담은 자료를 만들어준다. 회의 참가자가 오해하지 않도록 문장을 간단하게 작성하라는 지시를 하는 것이 좋다.

+α 서식 작성으로 회의 운영의 효율성을 높이기

참가자가 충분히 정보와 아이디어를 준비하여 회의에 임할 수 있도록 하기 위해, 목적과 **안건**을 정리한 자료를 사전에 공유하는 것이 필수적이다.

이 회의의 자료에 대해, **사내에서 서식을 작성하고 공유해두면, 작성할 내용을 빠뜨리는 것을 방지하면서 시간을 단축할 수 있다.**

또한 이 자료는 앞서 언급한 회의 참가자 선정에도 유용하다. **서식을 통해 회의 안건이 구체화되면, 회의에 필요한 참가자는 자연스럽게 좁혀지고, 적절한 참가자에게 연락할 수 있다.** 종종 연락을 우선하고 자료는 나중에 보내는 경우가 많지만, **ChatGPT를 사용하여 자료를 효율적으로 만들면, 연락과 준비, 진행이 더 신속하게 이루어진다.**

그 외에도 **자료에 회의 시간 배분을 기재하는 것**도 회의를 효과적으로 진행하는 데 도움이 된다. ChatGPT에게 **'이 흐름으로 회의를 진행할 예정이니, 시간 배분을 고려해줘'**고 지시하면, 각 항목에 맞는 시간을 배정해준다. 업무 진행 계획을 세울 때 참고해도 좋다.

회의 성과를 극대화하기 위해 사전에 할 수 있는 일은 생각보다 많다.

Scene // 회의   #글작성 #시간절약

활용법 31 회의록을 작성해줘

POINT
① 회의를 글로 기록한 것임을 명확히 적기
② 회의록 형식 및 작성을 지시
③ 녹음된 텍스트 기록 입력

USER
다음은 회의 녹음 내용을 글로 옮긴 거야.①

회의에서 나온 주요 사항을 간단하게 나열하고, 회의록을 작성해줘.②

③
김수진: 지난달에 실시한 자사의 타깃 시장에 초점을 맞춘 조사 결과를 발표하겠습니다. 조사 대상은 도시 지역에 거주하는 18~35세의 젊은 층입니다.
…
최민석: 젊은 층의 관심은 제품의 가격, 디자인, 내구성에 집중되어 있었습니다.

ChatGPT
회의록:
날짜: [회의 날짜]
참석자: 김수진, 최민석
주제: 자사의 타깃 시장에 관한 조사 결과 발표 및 향후 대책
요점:
1. 조사 대상: 도시 지역에 거주하는 18~35세의 젊은 층
   …
2. 관심 대상: 젊은 층의 관심은 가격, 디자인, 내구성에 집중되어 있음.

이상이 회의에서 나온 주요 사항을 간단히 정리한 것입니다.

Next Step » 더 좋게 만들기!

 앞으로의 과제를 제시해달라고 요청하기…

회의록에서 향후 과제를 제시해달라고 요청함으로써, 현 상황에 대한 문제를 시각화하고, 앞으로의 업무나 다음 회의로 이어지게 할 수 있다. 답변으로 받은 회의록에 추가 지시를 해보자.

USER
향후 과제를 알려줘.

ChatGPT
향후 과제는 다음과 같습니다:

1. 디자인 개선: 젊은 층의 관심이 디자인에 집중되고 있으므로, 제품의 디자인 평가를 향상시킬 필요가 있습니다. 트렌드에 민감한 디자인과 젊은 층이 선호하는 요소를 반영하는 것이 중요합니다.
2. 차별화 전략 구축: 경쟁사의 제품과 차별화가 과제로 제시되었습니다. 제품의 특장점과 부가 가치를 강조하는 마케팅 전략을 수립하여 경쟁력을 높여야 합니다.
3. 가격 전략 검토: 젊은 층의 관심 대상 중 하나는 가격입니다. 적절한 가격 책정을 통해 젊은 층에게 매력적인 가격대를 제공하는 것이 요구됩니다.

이러한 과제들에 대해 적절한 대책을 마련하고 팀 전체가 협력하여 실행함으로써 회사의 성장과 경쟁력 강화를 도모할 수 있을 것으로 기대됩니다.

회의를 글로 옮긴 기록을 입력하고, '회의록을 작성해줘'라고 지시하면 회의록을 작성해준다. 하지만 읽기 힘든 회의록은 무의미하기 때문에, 주요 내용을 정리해달라고 요청해야 한다. 이때, '텍스트 기록의 주요 내용을 바탕으로 회의록을 만들어줘'라고 지시하면 텍스트 기록이 그대로 회의록의 주요 내용 부분으로 출력된다. '목록 형식으로'라고 덧붙이면, 요점을 정리한 회의록을 작성할 수 있다.

+α 회의록으로 회의 내용을 쉽게 이해

회의록을 작성할 때, 단순히 항목별로 정리하는 대신 '전체 회의 내용을 요약한 문장을 만들어줘'라고 ChatGPT에게 지시하면, 회의의 핵심을 뽑은 문장이 나온다. 회의에서의 논의는 자주 왔다 갔다 하기 때문에, 글로 요약하는 것도 도움이 된다.

또한, 항목별로 작성된 회의록을 내용별로 구분하면 가독성이 높아진다. 회의록에 필요한 정보를 반영한 프롬프트를 수정해 목적에 맞는 회의록을 쉽게 작성하자.

회의록을 다음 단계에 활용하는 방법도 여러 가지다. 출력된 회의록에 추가 프롬프트를 통해 회의의 핵심 내용이나 업무상의 문제를 찾아낼 수 있다. 이를 다음 회의나 향후 업무 계획에 참고할 수 있다. 또한, 과제와 다음 회의 일정을 지정하면, 다음 회의까지 해야 할 작업을 정리하고 일정을 짤 수 있다.

Scene // 회의   #글작성   #요약

활용법
32 긴 설명문을 요약해줘

POINT

① 글 사용 목적 제시
② 요약 요청
③ 원문 입력

USER
다음은 회의에서 전달하려는 내용이야. 요약해줘.

> 우리 회사의 제품에 대해 피드백을 바탕으로 개선을 진행하고자 합니다. 우선, 디자인 평가 점수가 낮았기 때문에 경쟁사를 능가할 수 있는 디자인으로 개선하고 싶습니다. 시장 조사를 진행하여 현재 트렌드에 맞는 디자인을 찾고, 제안 안을 3개 정도 제출해주세요. 가격 대비 성능에 대해서는 고객들이 만족했기 때문에 가격은 현행 그대로 유지하고, 디자인만 개선하여 6개월 후에 다시 시장 조사를 진행할 예정입니다. 또한, 타깃층의 확장도 고려하고 있습니다. 따라서 조사 시 현재의 조사 대상을 조금 더 넓힌 연령대까지 포함하여 조사하고자 합니다.

ChatGPT
요약:
- 피드백을 바탕으로 제품 개선을 진행하고자 한다.
- 디자인 평가 점수가 낮아 경쟁사를 능가하는 디자인으로 개선할 계획이다.
- 트렌드에 맞는 디자인을 시장 조사하여 제안 안을 3개 제출해달라.
- 가격 대비 성능은 좋기 때문에 가격은 변경하지 않는다.
- 디자인 개선 후 6개월 후에 다시 시장 조사를 진행할 예정이다.
- 타깃 연령대를 조금 넓혀서 시장 조사를 진행하고자 한다.

Next Step >> 더 좋게 만들기!

USER
각 항목에 보충 설명과 이유를 추가해줘.

ChatGPT
- 상품을 피드백에 기반하여 개선하고자 합니다.
  보충 설명: 고객의 피드백은 제품의 품질을 향상시키는 중요한 정보원이 되며, 이를 바탕으로 한 개선은 시장에서의 수용도를 높일 가능성이 있습니다.
- 디자인 평가 점수가 낮아 경쟁자를 능가할 수 있는 디자인으로 개선하고자 합니다.
  보충 설명: 현재 디자인은 시장에서 평가가 좋지 않으며, 경쟁력을 갖추기 위해서는 디자인의 차별화가 필요합니다.
- 트렌드 디자인을 시장 조사하여 3개의 안을 제출하셨으면 합니다.
  이유: 현재 트렌드에 맞추어 제품의 매력을 극대화하고 고객의 관심을 끌 수 있기 때문입니다.
- 가격 대비 성능은 좋기 때문에 가격은 변경하지 않습니다.
  보충 설명: 이미 고객들로부터 높은 평가를 받고 있는 가격 대비 성능을 유지하여 가격 면에서 경쟁력을 확보하고자 합니다.
- 6개월 후에 디자인 개선 후 시장 조사를 다시 실시할 예정입니다.
  이유: 개선된 디자인이 시장에서 어떻게 받아들여지는지를 파악하고, 필요에 따라 추가적인 개선 방향을 결정하기 위해서입니다.

✦📧 **보충 설명을 추가**

각 항목에 보충 설명이나 이유를 추가하면, 세부 내용을 쉽게 이해할 수 있고 설득력도 높아진다. 회의의 대본이나 회의록 등에도 활용할 수 있을 것이다.

비즈니스 현장에서는 가능한 한 **간결하게 정보를 전달할 필요가 있다.** 프롬프트에서 전달하고 싶은 내용을 명확히 하고, '**내용을 요약해줘**'라고 지시하면, 간결한 문장이나 목록 형식으로 내용을 요약해준다.

또한, **앱 버전**의 ChatGPT에서는 **음성 입력 기능을 사용할 수 있다.** 실제로 말하고 싶은 내용을 음성으로 입력한 후, 그 문장을 ChatGPT로 정리하게 할 수도 있다.

+α 상대에게 잘 전달될 수 있도록 글을 작성

비즈니스뿐만 아니라, 무언가를 **설명하는 일은 상대에게 전달하는 것이 목적이다.** 따라서 설명문을 점검할 때, '하고 싶은 말이 적혀 있는지'보다 '상대에게 전달될 수 있는지'에 중점을 둬야 한다.

ChatGPT로 **요약**된 글을 점검할 때도 이런 접근이 필요하다. **요약은 정보량을 줄이는 것**이므로, 핵심은 분명해지지만 설명이 부족해 상대방이 오해할 가능성도 있다.

먼저 **항목별로 요점을 정리한 뒤, 각 항목에 보충 설명이나 이유를 덧붙여서 '가장 전달하고 싶은 것'** 과 '**그에 대한 설명**'을 정리할 수 있다. '제 3자가 읽는다는 생각'으로 정보를 수정해 쉽게 전달될 수 있도록 해야 한다.

Scene // 회의   #일정 관리

활용법 33
회의록에서 해야 할 작업을 정리해서 작성해줘

POINT

① 회의록을 바탕으로 해야 할 작업 작성 지시
② 간결하게 정리하도록 지시
③ 회의록 내용 입력

USER

다음은 회의록이야.

①이 내용을 토대로 해야 할 작업을 ②항목별로 작성해줘.

> 회의록
> 1. 조사 대상: 도시에 거주하는 18-35세의 젊은 층
> 2. 제품 인지도: 젊은 층 사이에서 당사 제품의 인지도가 높으며, 광고 캠페인이 인지도의 주요 이유로 언급됨(응답자의 7할)
> 3. 인지도 비율: 조사 대상 중 80%가 당사 제품을 인지하고 있음
> 4. 관심 대상: 젊은 층의 관심은 가격, 디자인, 내구성에 집중됨

ChatGPT

다음은 회의 회의록에서 추출한 작업 항목입니다:

- 도시 지역에 거주하는 18-35세 젊은 층에 대한 조사 실시
- 조사 결과를 바탕으로 가격, 디자인, 내구성 요소에 집중한 제품 개발 검토
- 제품 가격 경쟁력 향상 방안을 검토하고, 적절한 가격대 설정
- 디자인팀에게 젊은 층의 선호와 트렌드를 연구하여 디자인 안을 제시하도록 요청
- 내구성을 높이기 위한 소재 선정과 제조 공정 개선 검토
- 마케팅 전략 수립 시, 가격, 디자인, 내구성의 강조 포인트 명확화
- 젊은 층을 대상으로 한 홍보 캠페인 계획 및 적합한 프로모션 채널 선정

Next Step >> **더 좋게 만들기!**

✉️ **작업 순서를 바꾸기**

주어진 작업을 어떤 순서로 처리해야 할지 이해하기 쉽도록 순서대로 정리해달라고 요청한다. 순서가 정해지면 해야 할 일을 더 쉽게 그려볼 수 있다.

USER
해야 할 작업을 순서대로 정리해줘.

ChatGPT
다음은 제공된 작업 목록을 실행해야 할 순서대로 정리한 것입니다:

1. 새로운 시장 개척을 위한 차원에서, 조사 대상을 약간 넓힌 조사를 실시하고 잠재적 수요를 파악한다.
2. 트렌드에 맞는 디자인 안을 3개 제안하고, 경쟁사를 능가할 수 있는 디자인을 검토한다.
3. 디자인 팀에게 트렌드를 파악하고, 현행 제품의 디자인 개선안을 작성하도록 요청한다.
4. 디자인 개선 후, 6개월 후에 다시 고객 조사를 실시하여 평가를 측정한다.
5. 조사 대상인 젊은 층을 위한 제품의 디자인 개선을 진행한다.
6. 디자인 개선 및 업데이트 진행 상황을 정기적으로 보고할 스케줄을 설정한다.
7. 고객 만족도가 높은 가성비를 그대로 유지한다.
8. 마케팅 팀에 경쟁사와의 차별화 전략을 세울 것을 요청한다.
9. 제품 업데이트 후, 마케팅 캠페인 계획을 수립한다.
10. 새로운 시장 개척을 위해 조사 결과를 바탕으로 영업 전략을 검토하고, 전개 계획을 수립한다.

이 순서대로 작업을 진행하면, 효과적인 제품 개발과 마케팅 전략을 펼칠 수 있을 것입니다.

ChatGPT를 활용하면 회의 종료 후 작성한 회의록을 바탕으로 향후 **작업**을 파악할 수 있다. 프롬프트에 회의록을 입력하고, '**회의록에서 작업 목록을 만들어줘**'라고 지시하면, 목록을 만들어준다. 미처 깨닫지 못한 작업까지 제시해주기 때문에 빠뜨리는 부분 없이 효율적으로 작업을 진행할 수 있다. 또한, 작업을 목록 형식으로 출력하면 목표에 비추어 진행 상태를 파악하기 쉬워진다.

+α 작업 일정 관리에도 활용

작업 관리는 해야 할 일을 관리하는 것뿐만 아니라, 동시에 '시간 관리'이기도 하다.

목록 형식으로 출력된 작업을 정렬한 후, 각 작업에 필요한 시간을 설정해달라고 요청하자. ChatGPT가 설정하는 예상 시간은 물론 참고용일 뿐, 그 시간 내에 모든 작업을 완료하는 것이 현실적이지 않을 수도 있다. 그럼에도 불구하고 예상 시간이 제시되면, 집중해서 작업을 진행할 수 있다.

또한, 작업을 끝내기까지 시간이 오래 걸릴 수 있다. '**이 작업을 1년 이내에 마무리할 수 있도록 일정을 짜줘**'라고 지시하면, 이 기간 내에 작업을 진행하기 위한 계획표를 제공해준다.

혼자서 작업을 할 경우 중간 마감일이 애매해지기 쉽다. ChatGPT를 작업의 동반자로 활용하는 것도 좋은 방법이다.

Scene // SNS 관리 및 운영   #글작성   #아이디어 도출   #생각의 힌트

활용법 34
SNS에서 공지해야 할 내용을 생각해줘

POINT

① 공지하려는 콘텐츠 내용 명확히 하기
② 공지할 장소 지정 및 공지 내용 검토 지시
③ 상품 상세 정보 입력

USER
다음은 카페에서 제공하는 신제품 정보야. ①
SNS 공지 내용을 생각해줘. ②

③ 상품명: 서머샤인 사워
상품 설명: 더운 여름에 딱 맞는 상큼한 탄산 과일 음료. 오렌지, 파인애플, 망고를 풍성하게 혼합해, 풍부한 과일 맛과 상쾌한 탄산이 특징입니다.

ChatGPT
SNS 공지 내용:

🌙🍹 신상품 등장! 서머샤인 사워 🍹🌙
더운 여름에 딱 맞는 상큼한 탄산 과일 음료, 서머샤인 사워가 카페에 등장! 🍇🍊🥭
오렌지, 파인애플, 망고를 풍성하게 혼합해, 풍부한 과일 맛과 상쾌한 탄산이 특징입니다! 🍹✝️

💗판매 기간: 6월~8월
이 여름, 카페 타임을 더욱 특별하게 만들어줄 서머샤인 사워를 꼭 즐겨보세요! 🌿🍹

#서머샤인사워 #여름신상품 #카페한정 #탄산과일음료 #시원한맛 #카페타임 #여름의필수아이템

Next Step >> 더 잘 활용하기!

✉️ **공지 내용에서 부족한 정보를 추가하기**

공지 내용에서 빠진 부분이 있는지 ChatGPT에게 확인해달라고 하면, 자신이 놓친 아이디어나 통찰을 얻을 수 있다.

USER
공지 내용에 부족한 부분이 있어?

ChatGPT
공지로서 부족한 부분은 다음과 같은 정보들이 있을 수 있습니다:

1. 제공 시작일: 신제품 서머사인 샤워를 제공하는 날짜와 시간을 명시함으로써, 고객에게 더 구체적인 정보를 제공할 수 있습니다.
2. 제공 장소: 카페의 주소나 점포명, 제공하는 프랜차이즈의 매장 정보 등, 고객이 제품을 구매할 수 있는 장소를 명확히 하면 편리합니다.
3. 예약 정보: 특히 예약이 필요한 경우나 혼잡이 예상되는 경우에는, 예약 방법이나 주의 사항을 함께 기재하는 것이 좋습니다.
4. 기타 특전: 예를 들어, 특별한 오리지널 굿즈 증정, 타임 세일, 특별 세트 메뉴 등 혜택이나 서비스가 있는 경우, 공지에 포함시키면 고객 유치에 도움이 됩니다.

자사의 서비스나 상품을 <mark>SNS에서 홍보</mark>할 때, ChatGPT를 활용하면 효과적인 홍보 문구를 만들 수 있다. '<mark>SNS에서 홍보할 내용을 생각해줘</mark>'라는 지시와 함께 홍보하고 싶은 정보를 명확히 하면, 홍보 문구를 작성해준다. <mark>SNS에서 콘텐츠를 더 매력적으로 보이게 하는 형식상의 방법뿐만 아니라, 사용자들이 더 자주 볼 수 있도록 해시태그도 설정해준다.</mark>

+α 공지의 목표를 설정하고 더 효과적인 표현을 만들기

<mark>SNS 공지</mark>에서 정보가 부족하지 않은지, 더 효과적인 문구를 추가할 수 있는지 ChatGPT에게 확인해보자. <mark>어떤 정보를 추가하면 고객의 관심을 더 끌 수 있을지, 공지의 노출(게시물이 표시된 횟수)을 높이려면 어떻게 해야 하는지 구체적으로 물어보는 것이다.</mark>

SNS 공지는 일반적인 미디어 광고나 홈페이지 공지와는 다르게, 조회자마다 반응이 다를 수 있다. 따라서 처음 SNS 운영을 맡을 때는 당황할 수도 있지만, 오히려 SNS마다 특성이 다르다는 점을 활용해 각 SNS 특유의 표현 방식과 공지의 노출을 늘리는 방법을 확인할 수 있는 건 큰 장점이다. 공지에서 사용할 표현에 대해 '<mark>이런 장점이 잘 전달되도록 표현을 바꾸고 싶어</mark>'라고 지시하면 공지 문구를 개선할 수 있다.

또한, 프롬프트를 작성할 때 '<mark>매장에 오는 사용자 수를 늘리고 싶어</mark>', '<mark>상품을 구매하는 사용자 수를 늘리고 싶어</mark>', '<mark>신규 고객 유입을 목표로 하고 있어</mark>' 등 공지의 목표를 설정하면 그에 맞는 공지를 작성할 수 있다.

이밖에도 공지문에 첨부할 이미지, 사진, 모델 아이디어를 구상하게 할 수도 있다.

Scene // SNS 관리 및 운영　　#글작성　#아이디어 도출　#기사 · 블로그

활용법 35 SNS에서 눈에 띄기 쉬운 문장으로 바꿔줘

USER
다음은 SNS 공지문이야. X(Twitter)에서 반응을 얻기 쉬운 문장으로 바꿔줘.①　②

③ [신상품] 무더운 여름에 딱 어울리는 상큼한 탄산 음료 서머샤인 사워가 여름 한정 메뉴로 출시됩니다. 오렌지, 파인애플, 망고를 풍성하게 혼합하여, 풍부한 과일 맛과 상쾌한 탄산감이 특징입니다.

POINT
① SNS 종류 지정
② 눈에 띄는 글로 변경 지시
③ 원문 입력

ChatGPT
이해했습니다. X(Twitter)에서 반응을 얻기 쉽도록 문장을 수정하겠습니다.

😋🥤여름의 새로운 필수템!! 서머샤인 사워🍊🥭
풍부한 과일 블렌드에 톡 쏘는 상쾌한 탄산이 딱!
여름 한정, 놓치지 마세요!✨
#여름음료 #탄산상쾌

이처럼 이모지나 해시태그를 활용하면 시각적으로 돋보일 뿐만 아니라, 트렌드나 관련 키워드 검색에서도 노출되기 쉬워집니다.

SNS에서 '좋아요', 댓글, 게시물 공유 등의 사용자 반응을 '관여도'라고 한다. 또한, 이런 관여도가 증가하는 것을 '버즈가 일어난다'고 표현한다. SNS에서 공지나 광고를 할 때는 더 많은 사람들에게 노출시키고 싶기 때문에, ChatGPT에게 '참여율이 높아지는' 글로 바꿔달라고 요청하자. 이때, SNS의 특성과 사용자 스타일에 따라 주목받기 쉬운 게시물에는 차이가 있다. ChatGPT에게 SNS의 종류를 지정하고, 주목을 끌 수 있는 문장을 만들어달라고 요청하자. 예를 들어, **X(Twitter)는 글자 수에 제한이 있기 때문에 짧고 이해하기 쉬운 문장이 필요하다. 인스타그램은 사진을 주제로 하고 긴 글을 쓸 수 있으므로 사진 정보를 잘 전달해야 한다.**

Scene // SNS 관리 및 운영   #글작성 #아이디어 도출

활용법 **36**

SNS 게시물에 해시태그를 추가해줘

USER
다음 내용을 SNS에 게시하고 싶은데, ①
달면 좋은 해시태그를 알려줘. ②

③ 🎬새로운 전시회 소식 🖼️〈미의 여행〉 전시가 오늘부터 개최됩니다!
미술관에 방문하셔서 멋진 회화와 조각 작품을 감상해보세요!
전시 기간은 8월 4일부터 8월 31일까지입니다. 여러분의 많은 관람을 기다리고 있겠습니다!

POINT
① SNS에 게시할 내용임을 분명히 하기
② 해시태그 추천 요청
③ 원문 입력

ChatGPT
멋진 전시회 소식이네요!
적절한 해시태그를 달고 트윗을 게시해 보겠습니다:

🎬새로운 전시회 소식 🖼️〈미의 여행〉 전시가 오늘부터 개최됩니다!
미술관에 방문하여, 멋진 회화와 조각 작품을 감상해보세요!
전시 기간은 8월 4일부터 8월 31일까지입니다. 여러분의 많은 관람을 기다리고 있습니다!
#전시회 #미술관 #아트 #예술 #미의여행 #이벤트 #문화

이 트윗에는 전시회와 관련된 태그(#전시회, #미술관, #아트, #예술, #미의여행)가 포함되어 있습니다. 또한, 이벤트나 문화에 관심 있는 사용자들에게도 접근할 수 있도록 #이벤트와 #문화와 같은 일반적인 태그도 추가했습니다.
전시회가 대성공하길 바랍니다!

SNS 게시물에 **해시 기호(#)**를 붙인 키워드인 '해시태그'를 넣으면, 사용자들이 게시물을 더 쉽게 볼 수 있다. 어떤 해시태그를 붙이면 효과적일지 알 수 있도록 ChatGPT에게 게시물 내용을 지정하고 **'붙이면 좋은 해시태그를 알려줘'**라고 지시하면, 게시물에 적합한 해시태그를 제안해준다. 또한, **'영어, 일본어 등 다른 언어의 태그를 알려줘'**라고 지시하면, 해외로 게시물을 확산시키기 위한 해시태그도 알려준다.

Scene // 채용 업무 #글작성 #생각의 힌트

활용법

구인 광고에 실을
모집 요강을 생각해줘

POINT

① 모집 직무 명확히 하기
② 모집 요강 구상 지시
③ 조건의 세부 사항 입력

USER
이자카야 아르바이트를 다음 조건으로 모집하고 싶어. ①

모집 요강을 생각해줘. ②

③
- 시급 12,000원
- 근무 시간 17시~24시
- 주 3회 이상 근무
- 지원 자격 18세 이상

ChatGPT
이자카야 아르바이트 모집 요강
- 근무지: 이자카야 ○○
- 모집 직종: 아르바이트 직원
- 시급: 12,000원
- 근무 시간: 17:00~24:00(주 3일 이상 근무 부탁드립니다)
- 지원 자격:
  18세 이상
  친절하고 밝은 응대가 가능한 분
  팀워크를 중요하게 생각하는 분
- 업무 내용: 카운터 및 테이블에서의 접객, 음료 및 음식 제공(중략)

여러분의 많은 지원을 진심으로 기다리고 있습니다!

Next Step >> 더 좋게 만들기!

 구인 광고 문장을 작성해달라고 요청하기…

조건만 제시하는 것으로는 지원자가 한정될 수 있다. 구인 광고에 직장의 분위기나 업무 내용 등을 자세히 전달하는 문구를 작성함으로써, 구인 내용에 더 많은 관심을 유도할 수 있다.

USER
구인 광고에 포함할 문장을 만들어줘.

ChatGPT
가족 같은 분위기의 이자카야에서 함께 일하지 않으실래요?
이자카야 ○○은 밝고 따뜻한 분위기를 중요하게 생각하며, 고객에게 편안한 시간을 제공하고 있습니다.
현재 아르바이트 직원을 모집하고 있습니다!

근무 조건
- 시급: 12,000원
- 근무 시간: 17:00~24:00

주 3일 이상 근무를 부탁드립니다.
우리는 열정과 사람을 중시하며, 경험이 없는 분도 대환영입니다!
고객 응대 경험을 쌓고 스킬을 향상시키고 싶은 분, 팀워크를 중요하게 생각하며 일하고 싶은 분,
꼭 지원해주세요.
- 우리와 함께 일할 때 장점:
  가족 같은 분위기에서 일할 수 있습니다.
  술과 음식에 대한 지식을 배울 수 있습니다.
  동료들과의 교류가 즐겁습니다.
  주말이나 공휴일에 더 많이 일할 기회가 있습니다.
- 지원 조건:
  18세 이상
  친절하고 밝은 응대가 가능한 분
  팀워크를 중요하게 생각하는 분
- 지원 방법:
  이력서와 연락처를 첨부하여 이메일 또는 전화로 지원해주세요.

직원이나 아르바이트생을 고용할 때, **구인 광고** 내용은 매우 중요하다. 업무 내용이나 조건, 필요한 기술·자격, 근무지 환경을 명확하게 기재하면서 회사를 매력적으로 보이게 해야 한다. 하지만 처음부터 글을 작성하는 일은 시간이 걸리기 때문에, ChatGPT에게 초안을 작성하게 하자. **구인 광고에 기재해야 할 조건을 묻기만 하면 항목을 나열해준다.** 항목을 채워 나가면 시간을 절약할 수 있다.

Scene// 채용 업무

#아이디어 도출 #생각의 힌트

활용법 **38**

면접에서 사용할 질문 항목을 제시해줘

POINT

① 면접 대상 직종 지정
② 질문 개수 및 항목 작성 지시

USER
SNS 마케팅 담당자 면접을 진행하고 싶어.
면접 질문 항목 10개를 제시해줘.

AI ChatGPT
면접에서 SNS 마케팅 담당자에게 다음과 같은 질문 항목을 제시할 수 있습니다:

1. SNS 마케팅의 정의에 대해 설명해주세요.
2. 과거에 진행했던 SNS 마케팅 캠페인 중 성공한 사례를 알려주세요. 또한, 성공의 요인은 무엇이라고 생각하시나요?
3. 타깃 청중을 이해하기 위해 사용하는 방법은 무엇인가요?
4. 의뢰인이나 고객과의 커뮤니케이션에서 주의하는 점은 무엇인가요?
5. SNS 플랫폼의 차이점에 대해, 어떤 마케팅 접근 방식이 적절하다고 생각하시나요?
6. 사용자 참여도를 높이기 위해 노력한 점이나 계획하고 있는 점은 무엇인가요?
7. SNS 마케팅 성과를 평가할 때 어떤 지표를 중요하게 생각하나요?
8. 소셜 미디어 트렌드를 항상 파악하기 위해 사용하는 방법은 무엇인가요?
9. 예기치 않은 상황에 대응하기 위한 계획 수립 방법을 알려주세요.
10. 소셜 미디어 마케팅에서 개인 정보 보호나 윤리적 문제에 어떻게 대응하시나요?

Next Step >> 더 잘 활용하기!

USER
어떤 의도로 질문을 작성한 거야?

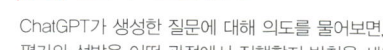
질문의 의도를 묻기
ChatGPT가 생성한 질문에 대해 의도를 물어보면, 면접 평가와 선발을 어떤 관점에서 진행할지 방침을 세울 수 있다.

ChatGPT
질문의 의도는 후보자의 SNS 마케팅에 관한 지식, 경험, 기술, 사고방식을 평가하고, 해당 직무에 적합한 인물인지를 판단하는 것입니다. 다음과 같은 의도가 포함되어 있습니다:

1. 기본적인 지식과 이해를 평가하기:
   SNS 마케팅에 대한 이해나 정의를 묻는 질문을 통해 후보자가 마케팅의 기본적인 개념을 이해하고 있는지 확인합니다.
2. 실적과 경험을 평가하기:
   과거에 성공한 캠페인의 예시를 묻는 질문을 통해, 후보자가 실제로 결과를 도출한 경험이나 성과를 가지고 있는지를 판단합니다.
3. 타깃 청중 이해 능력을 평가하기:
   타깃 청중을 이해하는 방법을 묻는 질문을 통해, 마케팅 전략의 근거와 타깃팅 능력을 알 수 있습니다.
4. 커뮤니케이션 스킬을 평가하기:
   의뢰인이나 고객과의 커뮤니케이션에 관한 질문은, 후보자의 커뮤니케이션 스킬과 고객 응대 능력을 평가하기 위해 제시됩니다.
5. 전략 수립 능력을 평가하기:
   SNS 플랫폼의 차이에 따른 마케팅 접근 방식을 묻는 질문을 통해, 전략적 사고력과 유연성을 평가합니다.

회사의 적합한 인재를 판별하는 **채용 면접**. 지정한 직무의 면접에 적합한 질문을 ChatGPT가 생성하게 할 수 있다. 생성된 질문은 그대로 사용해도 좋고, 초안을 바탕으로 직접 질문을 수정해도 된다.

제 3자의 시각을 반영한 질문을 설정할 수 있어 **질문의 편향을 피하고 지원자의 역량이나 인성 등을 균형 있게 파악할 수 있다.**

+α 질문과 평가 기준을 준비해 유익한 면접을 진행

ChatGPT에게 질문 항목을 제시해달라고 요청한 후, 추가 프롬프트로 **질문의 의도**를 물어보자. 질문의 의도를 확인하면, **지원자에 대한 평가 기준이 더욱 명확해진다.** ChatGPT가 생성한 질문 중에서 '이 질문의 의도는 무엇일까?'라고 생각되는 항목이 있다면, 이러한 추가 프롬프트는 필수적이다.

또한, 하나의 평가 기준을 두고 여러 개의 질문 항목을 제시하도록 한 뒤 그 중에서 필요한 질문을 선택할 수 있다. 예를 들어, **'팀 프로젝트를 진행할 때 의식하는 점을 물어보는 질문 몇 개를 제시해줘'**라고 **지시하면, 다양한 관점에서 질문을 제시해준다.** 이렇게 자신이 의도한 질문을 선택해가며 질문 항목을 작성하는 방법도 유용하다.

Scene// 채용 업무   #조사·분석   #평가·비평

활용법
39 면접 지원자의 답변을 평가해줘

 POINT

① 직무 지정
② 답변에 대한 평가 지시
③ 질문과 답변 내용 입력

USER
다음은 마케팅 부서① 채용 면접에서 지원자가 한 답변이야. 이 답변에 대한 평가를 부탁해.②

③ 질문: 경쟁사와 차별화를 꾀할 방법이 있습니까?
답변: 차별화를 꾀하기 위한 방법에는 여러 가지 접근법이 있습니다. 먼저, 사용자들의 니즈와 요구를 잘 이해하고, 그에 맞는 독특한 기능이나 서비스를 제공하는 것이 중요합니다. 또한, 우수한 고객 지원을 제공하여 고객 만족도를 높이는 것도 차별화의 한 가지 방법입니다. 더 나아가, 기술 혁신이나 디자인의 차별화를 통해 다른 회사와는 다른 사용자 경험을 제공하는 것 역시 중요합니다.

ChatGPT
지원자의 답변에 대한 평가를 다음과 같이 제시합니다.

좋은 점:
1. 다각적인 접근: 지원자는 차별화를 꾀하기 위한 여러 방법을 제시하고 있습니다. 이를 통해 그/그녀가 문제를 다각적으로 생각하는 능력이 있다는 것을 알 수 있습니다.
2. 사용자 중심의 사고: '사용자의 니즈와 요구를 잘 이해한다'는 점에서, 사용자 중심의 마케팅의 중요성을 인식하고 있다는 것이 드러납니다.
3. 고객 지원의 중요성: 고객 지원의 질을 향상시켜 차별화를 꾀하는 접근은, 장기적인 고객 관계 구축을 의식하고 있다는 것을 보여줍니다.

4. **기술과 디자인의 중요성**: 기술 혁신이나 디자인의 중요성을 언급함으로써, 제품이나 서비스의 질을 향상시키기 위한 관점을 가지고 있다는 것을 알 수 있습니다.

개선점이나 우려되는 점:
1. **구체적인 사례 부족**: 일반적인 접근 방식을 언급하고 있지만, 구체적인 성공 사례나 경험에 기반한 차별화 전략에 대한 언급이 없습니다. 구체적인 사례를 제시함으로써, 실무 경험이나 성공적인 실적을 어필할 수 있을 것입니다.
2. **경쟁사 분석**: 경쟁사와 차별화를 꾀하기 위해서는 경쟁사의 강점과 약점을 분석하는 것도 중요합니다. 이 부분에 대한 언급이 없기 때문에, 경쟁 분석에 대한 경험이나 의식에 대해서도 질문하고 싶습니다.
종합적으로, 지원자는 차별화를 꾀하기 위한 기본적인 접근 방식을 이해하고 있으며, 사고 방식도 적절하다고 느껴집니다. 다만, 구체적인 경험이나 경쟁 분석에 대한 깊은 통찰을 듣고 싶습니다.

면접 질문과 지원자의 답변을 프롬프트에 입력하면, **ChatGPT가 답변을 평가해준다.** 면접에서는 말투나 표정 등 시각적 정보도 포함되므로, 그 자리에서 답변만 평가하는 것은 어려울 수 있다. 답변은 메모해 두고, ChatGPT가 내린 평가를 참고해 신중하게 고민하는 것이 좋다.

면접 평가의 프롬프트 변형 예시

 커뮤니케이션 능력을 기준으로 평가해줘.

 이 발언에서 어떤 역량이나 경험을 추측할 수 있을까?

+α 평가는 하나씩 진행

ChatGPT에게 지원자의 답변을 평가해달라고 할 때, 여러 질문과 답변을 한 번에 입력하면 평가가 제대로 나오지 않을 가능성이 높다. 여러 작업을 한 번에 주면 출력의 정확도가 떨어지기 때문이다. 예를 들어 하나의 답변에 대해 '**강점과 약점**', '**전문 지식**'을 평가하고 싶다면, 각 항목을 나누어 질문한다. **하나의 프롬프트에 하나의 질문이나 주제를 담으면 더 세심한 분석을 받아볼 수 있다.**

또한, 하나의 질문에 여러 지원자의 답변을 입력하고 ChatGPT에게 답을 비교해달라고 요청할 수도 있다. 면접관이 여러 명일 경우 생각이 다를 수 있다. 이때, ChatGPT에게 제 3자의 시각으로 평가해달라고 하면 새로운 통찰을 얻을 수 있다. 답변과 평가를 확인하면서 합격 기준을 맞춰볼 수 있다.

Column 2

플러그인으로 그래프 만들기

복잡한 데이터를 그래프 형태로 만들기

복잡한 데이터를 그래프로 만드는 플러그인 "Diagrams: Show Me"는 텍스트나 수치를 그래프로 만들어준다.

프레젠테이션이나 영업 자료를 만들 때 데이터를 쉽게 정리하려면 다양한 그래프가 필요할 것이다. 이럴 때 이 플러그인이 유용하다.

그래프 만들기는 간단하며, 프롬프트에 데이터를 입력하고 '이 수치로 원형 그래프를 만들어줘'라고 지시하면 된다. 막대 그래프, 선 그래프, 원형 그래프, 시퀀스 다이어그램 등이 제공된다.

만들어진 그래프는 SVG 파일로 저장 가능하고, 필요하면 JPEG나 PNG 파일로 변환할 수 있다.

제대로 활용하려면

데이터나 수치를 입력하고 '그래프를 만들어줘'라고 지시해도 원하는 그래프가 나오지 않을 때가 있다. 적절한 그래프를 만들려면 X축과 Y축을 정확히 설정하는 게 중요하다. 예를 들어 'X축을 30으로 설정해줘'처럼 지시해보는 것도 좋다.

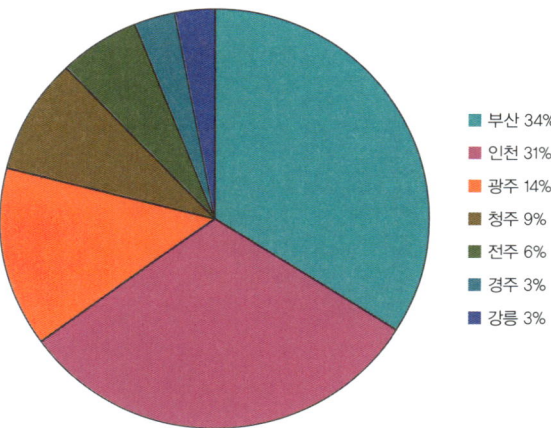

Diagrams: Show Me로 만든 그래프 예시

Chapter
3

아이디어 구상 활용법

Scene // 기획 수립   #아이디어 도출   #시간절약   #생각의 힌트

활용법
기획서 초안을 작성해줘

POINT
① 기획 명확히 하기
② 기획서 초안 작성 지시
③ 기획 내용 입력

USER
다음은 새로운 기획서 개요야. ①

이 내용을 바탕으로 기획서 초안을 작성해줘. ②

③
- 캠페인명: 'Summer Vibes Café Fest' 개요: 여름 한정 캠페인
- 기간: 1개월, 목표: 단골 고객 증가, 신규 고객에게 도달
- 테마: 카페를 여름에 맞게 장식하고, 제철 재료를 사용한 메뉴 제공

ChatGPT
기획서 초안: Summer Vibes Café Fest

1. 캠페인 개요
   'Summer Vibes Café Fest'는 여름 한정 카페 캠페인입니다.
2. 캠페인 기간
   캠페인 기간은 1개월로 설정합니다. 적절한 시작일과 종료일을 선정하고, 홍보 활동을 통해 고객에게 널리 알립니다.
3. 캠페인 목표
   단골 고객 증가: 기존 고객에게 특별한 경험을 제공하고, 카페에 더 많은 재방문을 유도합니다.

'Summer Vibes Café Fest'는 여름 시즌을 즐기고자 하는 고객에게 특별한 경험을 제공하며, 카페의 인지도와 고객 충성도를 향상시킬 수 있는 훌륭한 기회입니다. 캠페인의 성공을 위해, 계획 단계부터 실행까지 신중한 준비와 창의적인 아이디어가 필요합니다.

Next Step ≫ **더 좋게 만들기!**

USER
단골 고객을 확보할 수 있도록 규모를 확장하는 구체적인 기획서를 작성해줘.

✦✉ **더 구체적인 기획서를 작성해달라고 요청하기**
기획의 핵심이나 추가 사항을 지시하여, 더 구체적인 기획서를 작성하자. '신규 고객은 많지만, 단골 고객이 적다' 등의 현재의 문제점을 프롬프트에 포함시킨다.

ChatGPT
기획서: Summer Vibes Café Fest

1. 캠페인 개요
   'Summer Vibes Café Fest'는 여름 한정 카페 캠페인입니다. 캠페인 기간 동안 카페 전체를 여름 분위기에 맞게 장식하고, 제철 재료를 사용한 특별 메뉴를 제공합니다. 이 캠페인의 목표는 단골 고객의 증가와 신규 고객에게 도달하는 것을 촉진하는 것입니다.

2. 문제의 식별
   2-1. 리피터 고객 부족:
        현재 문제로는 신규 고객은 많지만 리피터 고객이 부족한 상황입니다. 리피터 고객을 증가시키는 것은 고객의 정착을 도모하고, 장기적인 매출 안정화를 꾀하는 데 중요한 과제입니다.
   2-2. 겨울 캠페인의 효과:
        과거 겨울 캠페인에서는 효과가 있었던 경험이 있으므로, 여름 캠페인에서는 규모를 확장하여 더 많은 고객을 유치하는 노력을 기울일 예정입니다.

3. 캠페인 기간
   캠페인 기간은 1개월로 설정합니다. 적절한 시작일과 종료일을 선정하고, 홍보 활동을 통해 고객에게 널리 알립니다.

기획서는 누구나 이해할 수 있고, 상대방이 납득할 수 있도록 작성해야 한다. 필요한 요소를 정리하여 보기 쉬운 **기획서**를 만들기 위해 ChatGPT를 사용하자. 기획 개요를 프롬프트에 입력하고, **기획서 초안**을 작성하도록 지시하면 기획서 **'초안'**이 출력된다. **머릿속의 정보를 항목별로 정리하여 정보의 과잉이나 부족을 확인할 수 있다.** 기획을 개선하는 데 도움이 된다.

+α 프레임워크를 사용해 기획서의 완성도를 높이기

ChatGPT를 사용하여 프레임워크를 적용해 기획을 세운 후, 이를 기획서에 포함하는 것도 가능하다.

예를 들어, Customer(고객이나 시장), Company(자사), Competitor(경쟁사) 3개 항목을 통해 자사의 강점과 약점을 분석하는 **3C 분석**이라는 마케팅 프레임워크가 있다. **자사 내의 상황이나 요인(내부 환경)과 판매처 시장의 상황(외부 환경)을 비교함으로써 자사**의 제품이나 서비스가 잘 팔릴 수 있는지, 팔리지 않는다면 그 원인은 무엇인지 분석하는 것이다.

작성한 기획 초안에 대해 ChatGPT에 3C 분석을 실시해달라고 요청한 후, 강점으로 평가되는 부분을 강화하고 약점으로 지적된 점을 해결해나가면 기획의 완성도가 높아진다.

Scene // 기획 수립 #아이디어 도출 #생각의 힌트

활용법

상품명을 만들어줘

POINT

① 상품 개요 지정
② 상품명 후보 고안 요청
③ 상품명 작성 시 주의점 명확히 적기

 USER
종이뿐만 아니라 펜을 사용할 수 있는 컴퓨터나 태블릿에서도 쓸 수 있는 펜 ① 이름 후보를 몇 개 제안해줘. ② 기능이 잘 떠오를 만한 간단한 이름이면 좋겠어. ③

 ChatGPT
종이뿐만 아니라 펜 입력이 가능한 컴퓨터나 태블릿에서도 사용할 수 있는 펜의 제품명 후보를 몇 가지 제시합니다. 이들 제품명은 각 펜의 기능과 관련된 간단한 이름입니다.

1. 페이퍼플레이 펜(PaperPlay Pen)
   종이와 디지털 모두에서 편안하게 사용할 수 있는 펜. 터치 펜으로도 활용 가능합니다.
2. 잉크엘리베이터(InkElevator)
   잉크를 디지털 세계로 끌어올리는 펜. 펜 끝에 압력 감지 기술이 내장되어 있습니다.
3. 디지스크라이브(DigiScribe)
   디지털 쓰기와 기록의 전문 펜. 노트나 화면에 편안한 압력으로 쓸 수 있습니다.

이 펜들은 종이뿐만 아니라 디지털 기기에서도 사용할 수 있어, 손으로 쓰는 느낌을 중시하면서도 편리한 디지털 노트나 일러스트 작성 등에 활용할 수 있을 것입니다.

Next Step » 더 좋게 만들기!

✧ ✉ 단어 아이디어를 받아보기 ·············

상품과 관련된 단어를 몇 개 출력해달라고 요청하면, 상품명 아이디어의 힌트를 얻을 수 있다. 프롬프트에서 '상품의 기능이나 이미지와 관련된 키워드를 몇 개 알려줘'라고 지시해보자.

USER
상품의 기능이나 이미지와 관련된 키워드를 몇 개 알려줘.

ChatGPT
상품의 기능이나 인상과 관련된 키워드를 몇 가지 제시합니다. 이 단어들은 펜이나 디지털 도구의 기능이나 특징, 편리함, 그리고 인상을 표현하는 데 도움이 됩니다.

1. 매끈한(Seamless)
2. 정밀(Precision)
3. 지능적(Intelligent)
4. 심플(Simple)
5. 우아함(Elegant)
6. 하이브리드(Hybrid)
7. 인터랙티브(Interactive)
8. 동기화(Synchronized)
9. 포용적(Inclusive)
10. 인체공학적(Ergonomic)

이 단어들은 상품의 광고나 설명문에서 특징이나 장점을 강조할 때 사용할 수 있는 표현입니다.

상품이 무엇인지 설명하면, **상품명** 아이디어를 제시해준다. 상품의 강점이나 특징을 전달하고, **'기능을 전달하는 이름을 원해'** 또는 **'사용하는 장면을 연상시키는 이름을 원해'** 등 작명의 목적을 전달하면, 이미지에 더 적합한 상품명을 제시해준다. 또한, **정보가 많을수록 이름도 구체적이고 독창적인 것이 출력**되므로, 떠오르는 대로 가능한 한 많은 정보를 항목별로 적는 것이 좋다.

+α 중복 확인은 잊지 말고 하자

상품명에 인상적인 단어를 사용하면, 제품의 매력이 더욱 높아진다. 새로운 상품명을 생각할 때, ChatGPT를 활용하면 단어와 구절을 조합하여 독특하고 임팩트 있는 이름을 제안해준다.

좋은 인상을 주는 제품명에는 일정한 경향이 있다. 우선, 그 **제품의 특징을 '한눈에 알 수 있다'**는 점이다. 예를 들어, 레크(LEC)의 '강력하게 닦이는'이나 라이온(LION)의 '깨끗하게 깨끗하게 약용 거품 손 세정제'처럼, 제품을 사용하면 어떤 효과를 얻을 수 있는지를 간결하게 나타내는 것이 중요하다.

또한, 식품 제조업체들이 출시한 '음용 요거트'도 제품의 특징을 잘 나타낸 이름 짓기의 좋은 예시다.

그 외에도, **'임팩트가 강하고 기억에 잘 남는다'**, **'제품의 스토리를 잘 전달한다'** 등 다양한 관점에서 각 상품명이 만들어지고 있다. ChatGPT에게 상품명을 요청할 때는, 어떤 부분에 집중하고 싶은지를 전달하는 것이 좋다.

또한, 다른 상품과 중복되지 않는지 확인하는 것을 잊지 말아야 한다. **상표권** 침해 여부는 인터넷 상의 상표 검색(KIPRIS 등)을 통해 확인하자.

Scene // 기획 수립　　　　　　　　　　　#아이디어 도출　#생각의 힌트

활용법

상품의 캐치프레이즈를 생각해줘

P O I N T

① 상품 개요 지정
② 캐치프레이즈 구상 지시
③ 요구 사항 및 조건 지정

 USER
종이뿐만 아니라 펜을 사용할 수 있는 컴퓨터나 태블릿에서도 쓸 수 있는 펜 제품 '잉크엘리베이터(InkElevator)'에 적합한 캐치프레이즈를 몇 개 생각해줘. 비즈니스 실무자를 타깃으로 한 심플한 문구로 만들어줘.
① ② ③

 ChatGPT
종이뿐만 아니라, 펜 입력이 가능한 컴퓨터나 태블릿에서도 사용할 수 있는 펜 제품 '잉크엘리베이터(InkElevator)'에 적합한 캐치프레이즈를 몇 가지 생각해 보았습니다. 비즈니스 파트너를 타깃으로 한 간단한 캐치프레이즈로 작성하였습니다.

1. '새로운 차원의 손글씨 경험. InkElevator가 비즈니스를 가속화합니다.'
2. '펜 끝에서 미래를 그리다. 비즈니스에 영감을 주는 InkElevator.'
3. '종이와 디지털의 융합. InkElevator로 효율과 스타일을 함께.'
4. '간단한 펜, 놀라운 기능. InkElevator로 프로페셔널한 손글씨.'
5. '손글씨의 힘, 디지털의 편리함. InkElevator가 새로운 업무 방식을 제안합니다.'
6. '노트도 스크린도, 하나로 해결. InkElevator가 비즈니스의 파트너가 됩니다.'
7. '펜이라는 이름의 엘리베이터. 비즈니스 세상을 한 단계 위로 끌어올리는 InkElevator.'

이 캐치프레이즈들은 간결하며, 비즈니스 파트너가 타깃인 펜의 편리함과 매력을 강조합니다. InkElevator가 손글씨 경험과 디지털의 편리함을 결합하여 비즈니스 세상을 더 효율적이고 스타일리시하게 지원해준다는 점을 어필하고 있습니다.

Next Step ≫ 더 좋게 만들기!

✨✉️ **다양한 용도로 사용할 수 있는 카피 만들기**

타깃층을 지정했던 것에서 더 넓게 설정하면, 새로운 캐치프레이즈 아이디어를 얻을 수 있다. 타깃을 다시 지정해서 다른 아이디어를 만들어보자.

USER
전자펜을 사용할 수 있는 태블릿을 사용하는 층을 타깃으로 한 캐치프레이즈를 구상해줘.

ChatGPT
전자펜을 사용할 수 있는 태블릿을 사용하는 층을 타깃으로 한 '잉크엘리베이터(InkElevator)'의 캐치프레이즈를 다음과 같이 몇 가지 제안합니다.

1. '무한한 창의력이 손끝에. InkElevator로 아이디어를 현실로 만들어보세요.'
2. '감성을 풀어내세요. InkElevator가 당신의 상상력을 넓혀드립니다.'
3. '손글씨의 마법이 화면에 되살아난다. InkElevator로 새로운 디지털 체험을.'
4. '종이 없는 미래를 그리다. InkElevator가 당신의 창의성을 지원합니다.'
5. '자연스러운 손끝의 감촉, 디지털의 편안함. InkElevator로 손글씨의 즐거움을 재발견하세요.'

이 캐치프레이즈는 전자펜을 사용할 수 있는 태블릿을 이용하는 층을 겨냥하여, 창의력, 예술, 손글씨 경험의 매력을 강조하고 있습니다. 디지털 세계에서 손글씨의 감각과 표현의 자유를 강조하며, 새로운 디지털 경험을 제공함으로써 타깃층의 관심을 끌 수 있을 것입니다.

처음부터 상품에 맞는 **캐치프레이즈**를 생각하는 일은 어렵다. ChatGPT를 활용해 카피 아이디어를 얻자. 상품의 개요를 작성하고 **'이 상품의 캐치프레이즈를 만들어줘'**라고 지시하면, 캐치프레이즈가 생성된다. **타깃을 지시할 경우 그 타깃을 정확히 겨냥한 카피가 생성된다.** 프롬프트는 상품과 서비스의 용도, 타깃 등을 기준으로 적절히 수정하자.

+α 카피 생성을 위해서는 유연한 프롬프트 편집이 중요

프롬프트를 유연하게 편집하면, 새로운 시각에서 매력적인 **캐치프레이즈** 아이디어를 얻을 수 있다. 또한, 배너나 게재 이미지에 사용할 폰트나 시각적 아이디어도 얻을 수 있다. **SNS를 통한 홍보나 매장 내 팝업 등 용도를 고려하여 프롬프트를 작성하자.**

다음은 20대 여성을 대상으로 한 액세서리의 매체별 캐치프레이즈 예시이다.

【20대 여성용 패션 액세서리】
· SNS용 카피:
  '빛나는 너를 채우는 자유로운 액세서리. 나다운 모습을 가득히. #BeYou #자유로운스타일'
· 매장 내 팝업용 카피:
  '주목받는 신상 액세서리가 입고 중! 세련된 디자인으로 화려하게 빛나자.'
· 배너 게재 이미지용 카피:
  '여름 햇살에 어울리는 시원한 액세서리 컬렉션. 순간의 아름다움을 영원히.'

그대로 활용할 뿐만 아니라 팀이나 자신의 아이디어와 결합시키면 더욱 매력적인 캐치프레이즈를 만들어낼 수 있다.

Scene // 기획 수립   #글작성   #생각의 힌트   #시간절약

활용법
43 상품의 소개문을 작성해줘

POINT
① 상품 명확히 설명
② 소개문 작성 지시
③ 상품 개요 입력

USER
다음은 <u>학생을 위한 디바이스</u>① 개요야. <u>소개 글을 작성해줘.</u>②

③
- 스마트폰 형태의 학생용 디바이스 'Studysmart'
  - 일정을 입력하면 하루 학습 계획을 제안합니다. 시험이나 제출 기한을 상기시켜주며, 정기 시험 점수나 자격증 등의 목표를 설정할 수 있습니다.
  - 스마트폰과 같이 SNS나 애플리케이션 기능이 없어 학습에 집중할 수 있습니다.

ChatGPT
새로운 학습 스타일을 혁신하는 스마트폰 형태의 디바이스, 'Studysmart'를 소개합니다. Studysmart는 학생들의 학습 경험을 더욱 효과적이고 효율적으로 지원하도록 설계된 혁신적인 디바이스입니다.

Studysmart는 바쁜 일정을 고려하여 학습 계획 수립의 번거로움을 없애고, 최적화된 학습 스케줄을 제안합니다. 시험 및 과제 기한을 놓치지 않도록 알림을 보내주며, 정기 시험 점수나 자격증 목표를 설정하여 동기부여를 할 수 있습니다.

가장 중요한 점은 Studysmart가 학습에 집중할 수 있는 환경을 제공한다는 것입니다. 스마트폰과 같이 SNS나 애플리케이션 기능이 없기 때문에, 공부에 방해받지 않고 집중할 수 있습니다. 효과적인 학습 시간을 확보하고 집중력을 높일 수 있는 최적의 도구입니다.

Studysmart는 학생들이 목표를 달성하고 성공을 이루는 데 신뢰할 수 있는 파트너가 될 것입니다. 새로운 학습 경험을 시작하고, 미래로 나아가는 길을 여는 데 도움을 줄 것입니다.

Next Step » 더 잘 활용하기!

✦ ✉ **상품 소개를 SNS용으로 간단히 정리하기**

SNS에서 상품 설명을 정리할 필요가 있을 때, 글자 수 제한을 지정해 목적에 맞는 소개문을 다시 작성할 수 있다. 추가 프롬프트로 간결한 소개문 작성을 지시하자.

USER
X(Twitter)에 게시할 용도로 140자 이내에 요약해줘.

ChatGPT
1. 새롭게 등장한 'Studysmart'! 📚 일정 입력으로 학습 계획 제안, 시험 기한 알림, SNS와 불필요한 앱 제로로 집중 학습 💪 #학습효율UP
2. 학생 필수 아이템! 🌟 'Studysmart'는 스마트폰형 학습 디바이스, 시험 리마인드, 학습 계획, SNS 없이 집중해서 공부 #새로운학습스타일
3. 'Studysmart'로 공부 혁명! 🚀 하루 학습 계획 자동 제안, 기한 리마인드, SNS 없는 최고의 집중력! #차세대학습도구
4. 스마트폰형이지만 SNS 없음! 🚫 'Studysmart'로 학습 계획과 리마인드 기능 탑재. 공부에 100% 집중 🔥 #학생의새로운친구
5. 잊기 쉬운 제출물이나 시험, 이제 걱정 없다! 📅 'Studysmart'가 모든 걸 지원. 불필요한 앱 제로로 집중 공부 📚 #학습의새로운시대

기획서나 보도자료에는 상품이나 서비스에 대한 **소개문**을 작성해야 한다. 소개문에서는 **상품과 서비스의 용도나 타깃층 등 기본적인 정보를 알기 쉽게 써야 한다.** 상품 개요를 프롬프트에 적으면, ChatGPT가 정보를 바탕으로 정리된 소개문을 작성해준다. 항목별로 나열된 개요도 문장으로 정리할 수 있으며, 설명 위주로 작성된 문장을 다듬어 상품이 더 매력적으로 느껴지도록 수정할 수 있다.

+α 소개문이 매체에 적합한지 확인

상품이나 서비스의 **소개문**을 작성할 때는 어떤 매체에 게시할 것인지를 고려해야 한다. 왜냐하면 매체에 따라 독자의 태도가 달라지기 때문이다. 일정 정도의 전문성이 요구되는 온라인 쇼핑몰에서는 독자가 상품을 비교하고 구매하기 위해 신중하게 고민할 것이다. 또한, 독자의 지식도 풍부할 것이다. 이런 점에서 **다른 상품과의 차별화를 더 깊게 파고들어야 한다.**

반면, SNS와 같은 광고 캠페인에 사용되는 문구는 독자가 읽는 시간이 한정되므로, 제목이나 사진만 보고 설명문을 읽을지 말지 판단하는 경우가 많다. 설령 읽더라도, 깊게 이해하려 하지 않는 경우도 많다. 따라서 **누가 어떤 혜택을 얻을 수 있는지 간결하게 전달하는 문장을 써야 한다.**

'○○ 매체에서 게시할 상품 소개문이야. 어떤 인상을 받았어?'라고 ChatGPT에게 물어보고, 매체에 적합한 소개문으로 다듬어보자.

Scene // 기획 수립   #글작성   #아이디어 도출

활용법 44

세미나 개최 안내문을 작성해줘

POINT

① 세미나 개최 명확히 안내
② 소개문 작성 지시
③ 세미나 개요 입력

USER

'세계 경제 동향과 사회 트렌드를 바탕으로 향후 경영을 분석하다'라는 취지의 세미나를 개최해. 미디어에 실을 안내문을 작성해줘. 다음은 세미나의 개요야.

- 전문가가 세계 경제 동향에 대해 해설
- 사회 트렌드를 다양한 사례로 분석
- 향후 경영 트렌드와 전망을 분석

ChatGPT
제목: 미래를 읽어내는 경영 전략 세미나 - 최신 트렌드를 통한 전망
여러분께, 새로운 비즈니스 전망을 탐구할 소중한 기회가 찾아왔습니다.
저희 '미래를 읽어내는 경영 전략 세미나'에서는, 국제 경제 동향과 사회 트렌드를 전문가의 깊은 통찰과 사례 연구를 통해 풀어내고, 미래를 대비한 비즈니스 전략의 힌트를 제공할 것입니다.
소개할 전문가, '존 해밀턴 박사'는 국제 경제 분야에서의 오랜 경험과 전문 지식을 바탕으로 세계 경제 동향에 대한 정확한 분석과 전망을 전달할 예정입니다.

일정: [개최 일시] 장소: [개최 장소] 참가비: [참가 비용] 신청 및 문의: [신청 방법과 연락처]

여러분과 함께 지식과 경험을 나누게 될 기회를 기대합니다.

Next Step >> 더 좋게 만들기!

✨ 📧 **강연 정보를 이메일로 보내기**

세미나 강연 개최 정보를 이메일 뉴스레터용으로 작성해보자. 이메일 뉴스레터 등에 등록된 사람이나 회원에게 알림을 보내면, 더 많은 참석자를 유치할 수 있을 것이다.

USER
메일 매거진 구독자에게 배포할 공지 이메일을 작성해줘.

ChatGPT
제목: [알림] 미래 경영 세미나 - 세계 경제와 사회의 최신 트렌드로 읽어내다

메일 매거진 구독자 여러분,

항상 저희 메일 매거진을 읽어주셔서 진심으로 감사드립니다.
여러분의 비즈니스 성공을 돕기 위해 새로운 이벤트 소식을 전해드립니다.
'미래 경영 세미나 - 세계 경제와 사회의 최신 트렌드로 읽어내다'를 개최합니다.
이번 세미나에서는 전문가들이 세계 경제 동향과 사회 트렌드에 대해 해설하고, 앞으로의 비즈니스 전망에 대한 귀중한 정보를 제공할 것입니다.

[세미나 세부 사항]
일시: [개최일] [개최 시간] 장소: [개최 장소] 참가비: [참가 비용]
여러분의 많은 참여를 진심으로 기다리고 있습니다.
궁금한 점이나 문의 사항이 있으시면 언제든지 연락 주시기 바랍니다.
감사합니다.

[이름]
[직책]
[연락처]
[이메일 주소]

세미나나 강연을 개최할 경우, ==개최 소식을 알리는 글==을 작성해야 한다. ChatGPT를 활용해 개최 소식을 알리는 글을 작성해보자. 먼저, ==프롬프트에는 세미나의 개요를 적어야 한다.== 세미나의 구성이나 내용, 발표 강사에 대한 정보 등 필요한 항목을 작성하자. 작성된 개요를 바탕으로, 부족한 부분은 적절히 보완하여 안내문을 생성해준다.

+α 세미나 참가자를 더 늘리기 위한 방법

세미나 개최 ==안내문==은 간결하고 과하지 않게 작성해야 한다. 최소한 일시, 장소, 정원, 수강료와 결제 방법, 수강 조건, 대상자, 준비물, 주최 및 공동 주최, 후원, 문의처와 같은 항목을 포함해 ==세미나의 매력을 전달하는 내용으로 작성해야 한다. 이 문서만으로 수강 여부를 판단할 수 있어야 한다.==

안내 이메일을 보낼 때, ==제목==은 ==타깃에 맞춰 공감을 얻을 수 있는 문구로 작성하는 것이 좋다.== 예를 들어, '국제 경제가 경영에 미치는 영향은?'과 같은 타깃층이 관심을 가질 주제를 제시하면, 더 눈길을 끄는 안내문이 된다.

Scene // 기획 수립   #아이디어 도출   #생각의 힌트   #조언 부탁하기

활용법

기획에 추가할 아이디어를 제시해줘

POINT

① 추가할 아이디어 구상 지시
② 출력 형식 지정
③ 기획 개요 입력

 USER
다음은 현재 기획 중인 캠페인 개요야. <u>다음 기획에 추가할 아이디어가 있으면 알려줘</u>. <u>항목별로 10개를 제시해줘</u>.
①   ②

'봄의 벚꽃놀이 캠페인'
- 실시 시기: 3월~5월
- 대상: 여성 타깃의 비타민 음료. 경품도 여성들을 의식한 아이템으로.
- 고객 구매 촉진, 상업적 인지도 확대를 목표로 함.

③

 ChatGPT
'봄의 벚꽃놀이 캠페인'에 더 나은 아이디어를 추가해 보겠습니다.
1. 벚꽃 사진 콘테스트: 캠페인 기간 동안 참가자들이 자신이 본 아름다운 벚꽃 사진을 게시할 수 있는 콘테스트를 개최합니다. 아름다운 사진이나 독창적인 각도의 사진에 대해서는 특별한 상품을 제공하여 사진 애호가들의 관심을 끌 수 있습니다.
2. 벚꽃 스토리텔링: 음료의 패키지에 벚꽃 꽃잎 형태를 활용하여 한국의 벚꽃에 관한 시나 이야기 등을 인쇄합니다. 소비자들이 음료를 즐기며 한국 문화와 벚꽃의 의미에 대해 접할 수 있게 됩니다.
3. 벚꽃 테마 한정 음료 출시: 벚꽃 시즌에 맞춰 특별한 벚꽃 테마의 한정판 음료를 출시합니다. 벚꽃 향이 나는 음료나 색상이 벚꽃을 연상시키는 음료를 제공하여 소비자들에게 봄을 느낄 수 있게 합니다.
4. 벚꽃 숲 체험 이벤트: 캠페인 기간 동안 벚꽃을 테마로 한 팝업 이벤트나 벚꽃 숲을 재현한 전시를 개최하여, 소비자들이 음료를 마시며 벚꽃을 즐길 수 있는 공간을 제공합니다.

(이하 생략)

Next Step >> 더 좋게 만들기!

✦ ✉ **아이디어를 깊이 탐구해 개선하기**
추가 프롬프트로 나온 아이디어에 대해 깊이 있게 물어 더 실질적인 아이디어로 발전시킬 수 있다.

USER
2번을 선택하고 싶어. 아이디어를 더 자세하게 설명해줘.

ChatGPT
다음은 2번 '벚꽃 스토리텔링'에 대한 자세한 설명입니다.

2. 벚꽃 스토리텔링: 이 아이디어는 대상 음료의 패키지에 벚꽃 꽃잎 형태를 활용하여 한국의 벚꽃과 관련된 시나 이야기를 인쇄하는 것입니다. 이를 통해 소비자들이 음료를 즐기면서 한국의 문화와 벚꽃의 의미에 대해 자연스럽게 접할 수 있습니다.

시 또는 이야기 선정: 한국의 고전 문학이나 현대 시인들이 쓴 벚꽃에 관한 시나 이야기를 선택합니다. 벚꽃의 아름다움이나 계절감을 표현하는 것, 벚꽃이 한국 문화와 풍경 속에서 갖는 의미와 연결된 작품을 고르는 것이 중요합니다.

이러한 아이디어를 실현함으로써 '봄의 벚꽃놀이 캠페인'은 더 깊은 의미와 가치를 전달하며, 소비자의 공감을 불러일으키고, 브랜드의 인지도와 신뢰성을 높이는 데 기여할 수 있습니다.

생각한 기획에 다른 아이디어를 추가하고 싶거나 부족함을 느낄 때, ChatGPT를 활용해보자. 이미 생각한 아이디어를 프롬프트로 지정하고, **'이 기획에 아이디어를 추가해줘'** 라고 지시하면, 기획에 맞는 새로운 아이디어를 제시해준다. **기획의 취지나 타깃을 지정해두면, 더 실질적인 아이디어를 생성할 수 있다.**

+α 아이디어를 더 자세히 알려주도록 지시

새로운 **아이디어**를 제안받고 싶을 때는 **기획의 세부 사항을 명확하게 지정하는 게 효과적이다. 기획의 목적이나 타깃, 콘셉트 등의 요소를 프롬프트에 포함**시키면 보다 적합한 아이디어를 얻을 수 있다. 기획이 잘 진행되지 않거나 더 많은 아이디어를 원한다면 프롬프트의 내용을 변경하여 여러 번 시도해보자. 프롬프트의 내용을 조정하면 새로운 아이디어가 생성될 수 있다.

아울러 추가 프롬프트에서 출력된 아이디어를 번호나 이름으로 지정하여 **'이 아이디어를 더 자세히 알려줘'** 라고 지시하면 출력된 아이디어를 더 구체적으로 다룰 수 있다. 이렇게 탐색한 아이디어를 활용해 기획 회의나 개발에 활용하고, 시장 조사를 통해 팀과 함께 마케팅을 고민함으로써 더욱 효과적인 기획을 만들 수 있다.

Scene // 기획 수립   #평가・비평   #조언 부탁하기   #조사・분석

활용법 46

기획 내용의 장점과 단점을 알려줘

POINT
① 기획 명확히 적기
② 장점 및 단점 설명 지시
③ 기획 개요 입력

USER
다음은 <u>현재 기획 중인 캠페인의 개요야</u>.①
<u>기획 내용의 장점과 단점을 알려줘</u>.②

③
'봄의 벚꽃놀이 캠페인'
- 실시 시기는 3~5월
- 대상은 여성 타깃의 비타민 음료
- 경품은 여성 타깃을 의식한 것
- 고객의 구매 촉진 및 상업적 인지도 확대 목표

ChatGPT
장점:
1. 계절감을 살린 테마: 캠페인이 봄의 벚꽃 시즌에 맞춰 진행되기 때문에, 계절에 맞는 이벤트가 되어 참여자들에게 매력적인 캠페인이 됩니다.

개선할 점:
1. 타깃층의 세부 설정: 타깃을 '여성'으로 설정했지만, 구체적인 연령대나 관심 분야 등을 좀 더 세밀하게 설정하면 캠페인의 기획이나 PR 콘셉트가 더 명확해집니다.
2. 경품의 다양성: 테마파크 티켓이나 기념품 등 다양한 종류의 경품을 검토함으로써, 더 넓은 범위에서 참여자들의 관심을 끌 수 있습니다.

Next Step >> 더 좋게 만들기!

✦ ✉ **나쁜 점을 개선할 수 있는 방법을 들어보기**

기획에서 개선점을 찾았다면 보강해보자. 구체적인 개선 방법을 ChatGPT에게 자세히 물어보자.

USER
나쁜 점의 개선 방법을 알려줘.

ChatGPT
다음은 '봄 벚꽃 축제 캠페인'의 나쁜 점과 이에 대한 개선 방법을 제안합니다.
나쁜 점:
타깃층의 세부 설정 부족: '여성을 대상으로 한 비타민 음료'라는 설정은 일정한 방향성을 제시하고 있지만, 구체적인 타깃 연령대나 관심 분야를 설정함으로써 더 효과적인 광고나 캠페인 기획이 가능합니다.

개선 방법:
타깃층에 대한 자세한 정보를 수집하고, 다음과 같은 측면을 검토해보세요.

1. 연령대: (예) 젊은 세대, 30대에서 40대의 직장 여성 등. 어떤 연령대를 주요 대상으로 할 것인지 명확히 합니다.
2. 관심 분야: 타깃층의 취미나 관심 분야를 고려하여 캠페인의 내용이나 경품을 선정합니다. 예를 들어, 건강, 뷰티, 아웃도어 등.
3. 사용 장면: 어떤 장면에서 음료를 자주 마시는지 생각하고 캠페인의 홍보 방법을 조정합니다.

기획을 진행할 때 객관적인 분석과 **개선점**을 찾아내는 작업은 매우 중요하다. 기획의 개요를 명확히 하고, **'기획의 장점과 단점을 알려줘'**라고 물으면 ChatGPT가 기획의 개선점을 찾아줄 것이다.

장점도 함께 묻는다면 바꿀 필요가 없는 부분을 파악할 수 있고, 개선이 필요한 부분만 수정해 기획을 보강할 수 있다.

+α **비슷한 사례를 묻기**

계절별 **캠페인** 등은 과거에도 유사한 캠페인이 진행되었을 수 있다. 이러한 과거 사례를 참고하거나 차별화를 위해 비슷한 사례나 정보를 물어보자. 과거에 유행했던 캠페인이나 마케팅 등을 알면 새로운 아이디어를 떠올릴 수 있을 것이다.

단, ChatGPT가 학습하고 있는 정보는 2023년 10월까지라는 점에 유의해야 한다. 이후의 최신 정보를 사용하려면 "Browse with Bing(21쪽 참조)"을 사용하면 된다.

Scene // 기획 수립   #아이디어 도출   #조사·분석

ChatGPT끼리 토론시켜서 기획 내용을 검증하기

POINT

① 기획 내용을 검증한다는 점 명확히 적기
② 각자의 입장에서 토론 진행 지시
③ 기획 개요 입력

USER

①기획 내용을 검증하고 싶어. 다음 내용에 대해 ②ChatGPT가 주최자와 소비자 역할을 맡고, 1인 2역으로 토론해줘.

③
> '봄 벚꽃 축제 캠페인'
> - 실시 시기는 3월에서 5월
> - 추첨을 통해 테마파크 티켓, 오리지널 기념품, 음료가 당첨됩니다.
> - 편의점이나 슈퍼마켓 등에서 판매되는 대상 음료에 붙은 벚꽃 꽃잎 모양의 스티커 5장을 모으면 벚꽃이 완성됩니다. 벚꽃 하나로 한번 응모할 수 있습니다. 기간 내에 몇 번이라도 응모 가능합니다.
> - 대상은 여성을 타깃으로 한 비타민 음료. 경품도 여성 지향적인 상품을 고려하여 준비됩니다.

ChatGPT

주최자 측(ChatGPT-A):
'봄 벚꽃 축제 캠페인'은 봄의 계절감을 살린 훌륭한 캠페인입니다. 3월에서 5월은 벚꽃 시즌이므로, 벚꽃 꽃잎 모양의 스티커를 모으는 아이디어는 소비자의 계절감을 자극하고 구매 의욕을 높이는 요소로 작용합니다. 또한, 여성 타깃을 위한 비타민 음료는 봄에 새로운 생활을 시작하는 많은 여성들에게 건강과 미용을 신경 쓰는 시점에 맞춰져 있습니다. 경품도 여성 지향적으로 준비되어 있어 타깃층의 관심을 끌기에 용이할 것입니다.

소비자 측(ChatGPT-B):
봄의 계절감을 살린 캠페인은 매력적입니다. 그러나 스티커 5장을 모은다는 것은 한 번의 구매로는 달성할 수 없기 때문에 지속적인 구매를 유도하려는 의도가 느껴지지만, 이것이 오히려 구매 장벽을 높일 수 있습니다. 또한, 테마파크 티켓이나 오리지널 기념품이라는 경품은 매력적이지만, 구체적인 내용이나 가치가 명시되지 않아, 그 가치가 얼마나 되는지 알기 어려운 점이 걱정됩니다. 또한, 여성을 타깃으로 하는 것은 이해하지만, 남성을 완전히 배제하는 것은 시장의 일부를 무시하는 것처럼 느껴집니다.

주최자 측(ChatGPT-A):
스티커 5장을 모으는 방법이나 지속적인 구매를 유도하려는 의도가 있는 것은 사실입니다. 그러나 이를 통해 소비자에게 지속적인 즐거움과 기대감을 제공할 수 있고, 브랜드 충성도를 높이는 효과도 기대할 수 있습니다. 경품의 구체적인 내용에 대해서는 캠페인 홍보나 프로모션을 통해 자세히 전달할 예정입니다. 남성을 타깃에서 제외하는 것은 제품이나 캠페인 개념을 명확히 하기 위한 전략적 선택입니다.

소비자 측(ChatGPT-B):
지속적인 즐거움이나 기대감은 이해할 수 있지만, 스티커 5장을 모으기 위한 구매 비용과 제공되는 경품의 가치 간 균형을 검토할 필요가 있습니다. 균형이 맞지 않다고 느끼는 소비자가 많다면 재검토가 필요할 것입니다. 또한, 남성을 타깃에서 제외하는 것에 개념을 명확히 하려는 의도가 있는 것은 이해하지만, 남성도 구매할 가능성이 있으므로 캠페인이나 경품에 더 유연성을 두는 것도 고려해야 하지 않을까요?

새로운 기획을 객관적으로 분석하고 더 효과적으로 만들고 싶을 때, 제 3자의 의견을 들을 수 있다. ChatGPT에게 1인 2역으로 **토론**을 지시하면 역할극으로 적절한 역할에서 토론해준다. 역할을 사용자 쪽에서 지정해도 된다. **'대화체로'**라고 지시하면 실제 토론처럼 대화체로 검토 결과를 출력한다.
이 활용법은 **소비자의 반응을 예측하여 기획을 개선하는 데 도움이 된다.**

+α 토론에서 개선점을 얻기

토론이란 서로 다른 입장을 가진 사람들(일반적으로 찬성 측과 반대 측)이 논리적으로 제 3자의 지지를 얻기 위해 논의하는 것을 말한다.

기획을 검토할 때, 이렇게 '입장이 다른' 사람이 토론하는 과정은 매우 중요하다. 찬성 측끼리, 반대 측끼리만 논의하면 시각이 비슷해져서 다양한 관점의 의견이 나오기 어렵다.

이번 활용의 목적은 어디까지나 **'검증'**이므로, 문제점이 잘 드러나지 않을 경우에는 **입장을 더 세분화해서 다시 토론을 시켜보는 것**이 좋다. 예를 들어, 반대 측에 한 가지 요소를 더 추가하는 방식이다. 반대 측의 '남성', 반대 측의 '고령자', 반대 측의 '부유층'처럼 설정하는 식이다.

또한, ChatGPT의 토론 과정에서 새로운 문제가 발견되었을 경우, 그 문제를 주제로 다시 토론을 진행해 보는 것도 효과적이다.

Scene// 기획 수립   #생각의 힌트   #시뮬레이션

활용법 48

ChatGPT에게 고객의 입장에서 대화해달라고 하기

 POINT

① 상품 검증 지시
② 고객 입장에서 대화 지시
③ 상품 개요 입력

 USER
이 제품에 대해 검토해줘. ① 고객의 입장에서 1인 2역으로 대화해줘. ②

③
- 스마트폰형 학생용 디바이스 'Studysmart'
- 하루 학습 계획을 제안하고, 시험 및 제출 기한을 알림. 시험이나 자격증 목표 점수도 설정 가능.
- 친구들과 학습 시간, 진행 상황, 성적을 공유할 수 있어 협력적인 학습 커뮤니티 형성에 유용.
- 애플리케이션 기능이 없어, 공부에 집중할 수 있음.

 ChatGPT
고객 입장(학생) A: 안녕하세요, 이 새로운 학생용 디바이스 'Studysmart', 정말 흥미롭네요. 저는 공부 계획을 세우는 게 서툴고, 제출 기한을 잊어버리는 경우도 많아서, 이 제품이 정말 도움이 될 것 같아요.

고객 입장(학생) B: 안녕하세요! 정말 편리해보이죠.

고객 입장(학생) A: 맞아요, 가격도 궁금하네요. 사용하기 편리하고 실제 학습 효과도 중요한 포인트겠지만, 가격이 합리적이면 도입하기 쉬울 것 같아요. 공부에 진지하게 임할 수 있도록 도와주는 도구로 오래 쓸 수 있을 것 같아요. 자세한 정보가 나오면 꼭 확인해야 겠어요.

Next Step » 더 좋게 만들기!

USER
상품에 부정적인 사람도 포함해서 대화를 해줘.

✧ ✉ 입장을 바꿔서 대화하기 ································

앞서 두 고객 모두 상품에 대해 긍정적인 시각을 가지고 있었지만, 부정적인 의견도 함께 이야기하면 새로운 통찰을 얻을 수 있다. 상품에 부정적인 사람을 추가해 대화에 참여시켜보자.

ChatGPT
고객 입장(학생) A: 안녕하세요, Studysmart, 확실히 학습에 집중할 수 있을 것 같긴 한데, 조금 걱정되는 점이 있어요. 예를 들어, 친구들과 학습 진행 상황을 공유할 수 있는 기능은 좋지만, 개인 정보 문제는 걱정돼요. 개인적인 학습 성적은 다른 사람에게 알려주고 싶지 않은 부분도 있거든요.

고객 입장(학생) B: 그건 확실히 걱정이네요. 개인 정보는 중요하니까, 그 점에 대해서 어떻게 생각하는지 잘 알아보고 싶어요. 또, 이 디바이스는 완전히 학습에만 특화된 거니까, 다른 오락용 앱이나 SNS를 사용할 수 없다는 점은 좀 불편할 수도 있어요.

고객 입장(학생) C: 게다가 이 디바이스는 하나의 제품으로 모든 걸 다 해야 하니까, 다른 앱이나 학습 자료를 쓰고 싶으면 Studysmart만으로는 기능이 한정될 수 있어요. 만약 내가 좋아하는 앱을 선택해서 사용할 수 있는 방식이 있었다면 더 좋았을 것 같아요.

기획은 단순한 객관적 시각 외에도 **고객의 입장에서의 의견**을 참고해야 설득력이 더 높아진다. 이를 위해 조사나 인터뷰를 할 수도 있지만, **ChatGPT를 활용해 가상으로 고객의 입장에서 의견을 물어보는 것도 가능하다.** 프롬프트에서 기획의 세부 사항을 지정하고 '**이 기획에 대해 1인 2역으로 고객의 입장에서 대화해줘**'라고 지시하면 상품에 대한 의견을 받을 수 있다.

+α 고객의 관점에서 상품 평가

ChatGPT를 활용하여 **고객의 의견을 시뮬레이션함**으로써 기획의 개선점을 알 수 있다. 이에 더해 방대한 데이터베이스에서 다양한 분석 방법으로 기획을 분석하고 검토할 수 있다. 하지만 **ChatGPT의 데이터는 최신이 아니기 때문에 경쟁사에 대한 정보를 얻기에는 적합하지 않다.** 따라서 직접 최신 데이터를 수집하고 생성된 대화를 기반으로 내용을 갱신하자.

고객의 니즈에는 고객이 자각하고 있는 니즈(현존 니즈)와 고객이 자각하지 못하는 니즈(잠재 니즈)가 있다. 예를 들어, '숙면을 취하고 싶다'와 같은 '표면적 욕구' 이면에는 '건강해지고 싶다', '낮 동안의 졸음을 없애고 싶다' 같은 욕구가 숨겨졌을 수 있다. 이것이 '잠재 니즈'다. **니즈를 조사하고 싶은 상품·서비스를 원하는 상황을 대화 형식으로 재현해보면, 타깃 고객이 가지고 있는 '잠재 니즈'를 파악하는 실마리를 얻을 수 있다.**

Scene // 콘텐츠 만들기　　　　　　　　#글작성　#아이디어 도출

활용법

기사 제목을 지어줘

P O I N T

① 기사 제목 구상 지시
② 제목 글자 수 지정
③ 기사 내용 입력

 USER

다음 <u>기사의 제목을 지어줘.</u> ① <u>40자 이내로.</u> ② 또 제목만으로도 내용이 잘 전달될 수 있도록 해줘.

'100% 과일 주스'가 문제되고 있다.

③ 100% 과일 주스란 모든 성분이 과일이라는 의미다. 그러나 일부 제조사에서는 주스 팩에 '100%'라고 표시해놓고, 실제로 과일이 절반도 채 들어 있지 않은 경우가 있다. 이로 인해 주스를 마시는 아이들과 제품을 구매하는 부모들이 손해를 보고 있는 상황이 드러났다. 동일한 2,000원의 가격이어도, 100% 과일 주스와 70%만 과일이 포함된 주스의 차이는 매우 크다고 할 수 있다. 향후 이를 어떻게 해결할지가 중요한 문제가 될 것이다.

 ChatGPT

기사 내용을 요약한 제목:

1. '과일 주스 100%'의 의혹: 라벨과 내용물의 차이
2. 주스의 진실: '과일 주스 100%'의 오해와 실제
3. '과일 주스 100%' 표시의 이면: 소비자가 모르는 사실
4. 주스 업계의 부정 표기 문제: '과일 주스 100%'의 진상
5. '과일 주스 100%'의 실제: 라벨과 내용물 불일치 문제

Next Step ≫ 더 좋게 만들기!

 타이틀을 구체적으로 다듬기

'대응책이 필요하다'고 제시된 경우, 구체적으로 어떤 대응책이 필요한지 조금 더 구체적으로 표현하면 기사의 내용을 보다 선명하게 그려볼 수 있을 것이다.

 USER
대응책이란 구체적으로 무엇인지, 제목에서 명확히 전달해줘.

 ChatGPT
제목: '100% 과일 주스'의 실태와 소비자의 손실, 엄격한 표시 규제와 정보 투명성 확보 요구
'100% 과일 주스' 표시와 관련된 문제를 다룹니다. 소비자에게 정보의 투명성이 요구되는 상황에서, 정확한 내용 표시가 필요합니다. 구체적인 대응책으로는 제조사의 표시 투명성 향상과 산업 전체의 규제 강화를 요구합니다. 이를 통해 아이들과 부모들이 올바른 정보를 얻고 안심하고 상품을 선택할 수 있는 환경을 구축하는 것이 중요합니다.

글의 내용을 독자에게 확실하게 전달하기 위해서는 먼저 **제목**이나 **헤드라인**으로 독자가 **주제를 즉각 파악할 수 있도록 해야 한다. 전체적인 흐름을 먼저 이해한 상태에서 본문을 읽어나가게끔 하는 게 이상적이다.** 헤드라인은 기사에 어떤 내용이 담겨 있는지 한눈에 판단할 수 있는지가 핵심이다. 헤드라인이 2개 이상일 경우, 기사 내용 중 가장 중요하다고 생각되는 부분을 '헤드라인'으로 하고, 그 다음으로 중요하다고 생각되는 부분을 '소제목'으로 하는 것이 좋다.

+α 끝까지 읽을 수 있는 제목 짓기

기사의 제목은 사용자가 가장 먼저 보게 되는 요소다. 독자는 제목을 보고 기사를 읽을지 말지 판단하기 때문에 웹 기사라면 조회 수에 큰 영향을 미친다. 따라서 '설득력 있는 숫자를 넣는다', '의문형으로 독자의 심리를 자극한다', '임팩트 있는 단어를 제목에 포함한다', '쉬운 표현으로 읽는 부담을 낮춘다' 등의 아이디어를 활용하면 좋다.

그렇다면 '좋은 제목'이란 어떤 것일까? 한 문장으로 기사의 내용을 전달하고, 읽고 싶게 만들며, 읽은 후 만족감을 줄 수 있는 제목일 것이다. 임팩트 있는 단어만 나열하고 내용이 받쳐주지 않는다면 흥미를 끌지 못한다. 또한, 질문 형식으로 자극하는 제목일 경우 이에 대한 답변이 기사 내용에 준비되어 있지 않으면 독자의 심리를 자극할 수 없다. **'읽히기 위한' 제목이지만 '끝까지 읽히기 위한' 제목이란 점도 의식하자.** 또한 기사 제목은 SEO와도 관련이 있는데, SEO는 검색 엔진 검색 결과 상단에 표시되도록 하는 마케팅 전략이다. 사용자가 기사를 쉽게 찾을 수 있도록 검색하기 쉬운 단어를 제목에 포함시켜야 한다. ChatGPT에게 **'이 키워드로 SEO에 강한 타이틀을 만들어줘'**라고 지시하면, 여러 개의 제목을 제시해 준다.

Scene // 콘텐츠 만들기   #글작성   #시간절약

활용법

사보를 작성해줘

 POINT

① 작성하고자 하는 문서 종류 지시
② 문서에 넣고 싶은 항목을 항목별 입력

USER
다음 내용을 바탕으로 사보를 작성해줘. ①

② ・ 회사의 실적에 관한 내용
・ 부서 및 직원에 관한 내용
・ 이달의 특집 기사

ChatGPT
사보
2023년 7월호

◆회사 실적에 대한 내용◆
여러분께 매우 기쁜 소식을 전해드립니다. 당사의 실적은 계속해서 견조한 흐름을 유지하고 있으며, 2024년 동기 대비 매출이 15% 증가했습니다. 이와 같은 성과는 전적으로 여러분의 노력과 협력의 결실입니다. 진심으로 감사드립니다.
특히 작년보다 신규 사업 확대에 주력하고, 적극적인 시장 개척에 나선 결과가 두드러지게 나타났습니다. 앞으로도 더 많은 기회를 추구하고, 실적 향상에 힘쓸 예정이니, 계속해서 많은 성원과 협조를 부탁드립니다.

◆부서 및 직원에 관한 내용◆
지난달에는 각 부서에서 뛰어난 성과가 있었습니다. 특히 영업 부문 여러분의 큰 성과에 진심으로 감사드립니다. 또한 신입 사원 여러분도 큰 노력과 성장을 보여주었으며, 기대를 뛰어넘는 활약을 해주고 있습니다. 각 부서의 성과를 칭찬하고, 더욱 큰 자극이 되도록 부서 간 정보 공유와 교류의 기회를 늘려 나가겠습니다. 부서를 초월한 팀워크 강화에 힘쓰고, 더욱 긴밀한 협력을 도모하겠습니다.

◆이달의 특집 기사◆

이번 달 특집 기사는 '미래를 이끄는 신기술에 다가서다'입니다. 최신 기술이 가져올 변화와 가능성에 대해, 전문가 인터뷰와 성공 사례 소개를 통해 깊이 있게 다룰 예정입니다. 여러분께 자극이 되는 정보를 제공함으로써 새로운 비즈니스 기회를 찾는 데 도움이 되기를 기대합니다.

이 특집 기사를 통해 미래에 대한 전망을 넓히고, 새로운 아이디어를 창출하는 계기가 되기를 바랍니다. 여러분이 더 충실하게 업무를 수행하고 성과를 낼 수 있도록, 이와 같은 정보를 지속적으로 제공하겠습니다.

이상으로, 2025년 6월호 사내보의 내용을 마칩니다. 여러분께 유익하고 매력적인 정보가 되기를 기원합니다.

사보를 제작할 때는 제작 일정과 내용 기획, 이에 따른 조사 및 인터뷰, 다음 호의 주제 결정 등 해야 할 일이 매우 다양하다. 처음부터 지면을 모두 만들어내는 것은 숙련자라도 쉽지 않은 작업이다.

우선 **생각나는 주제를 프롬프트로 ChatGPT에 전달하고, 그 틀이 되는 형식을 만들어 구성한다. 여기서부터 자신만의 방식으로 수정하고 조정하면서 이상적인 지면을 만들어보자.**

사보 제작 프롬프트 변형 예시

 친근감을 느끼도록 친밀한 분위기의 문장으로 작성해줘.

 특집 기사는 '추천 채용'을 다뤄줘.

+α 사보의 중요성에 대해 생각해보기

사보는 회사의 이념과 사업 방향, 결산 보고, 사내 행사 등의 내용을 직원들에게 전달하고, 직원들이 평소 어떻게 일하는지 등을 사내에서 공유하는 매체다. **사보의 의의와 목적 중 하나는 정보를 공유해 사내 문화를 조성하는 것이라 할 수 있다.**

기업을 지탱하는 문화가 풍요로워지면 업무에 대한 직원들의 동기부여와 몰입도 향상, 나아가 이직률 감소, 실적 개선까지 기대할 수 있어 사보는 기업 경영과 사업 활동에 큰 영향을 미치는 것으로 알려져 있다. 프롬프트를 만들 때 이런 의미를 제대로 숙지해서 ChatGPT를 잘 활용하자. 한번 만든 형식에 '**업무 외의 최신 화제나 계절별 트렌드를 넣어줘**'라고 추가로 프롬프트에 입력하는 것도 좋다. 이렇게 하면 사보를 더욱 풍성하게 만들 수 있다.

예전에는 사보라고 하면 대체로 종이에 제작했지만 최근에는 앱 등을 활용하여 웹으로 발행하는 기업도 적지 않은 것 같다. 이러한 툴에 대한 정보도 ChatGPT를 통해 찾아볼 수 있다.

Scene // 콘텐츠 만들기　　　#아이디어 도출　#생각의 힌트

활용법 51 고객의 입장에서 상품을 리뷰하고 광고에 참고하기

POINT
① 고객 입장에서 리뷰 작성 요청
② 작성 리뷰 개수 지정
③ 상품 개요 입력

USER
다음 상품에 대해 고객 입장에서 리뷰를 작성해줘. ① 3개 만들어줘. ②

③ 상품 내용: 지울 수 있는 펜
　상품 개요: 일반 유성펜이지만, 지우개로 지울 수 있음

ChatGPT
상품명: 지울 수 있는 펜

리뷰 1:
이 지울 수 있는 펜은 정말 훌륭해요! 일반 유성펜으로서도 뛰어난 성능을 가지고 있으며, 필기감도 부드럽고 선명합니다. 이 지울 수 있는 펜은 이제 제게 없어서는 안 될 아이템이 되었어요.

리뷰 2:
지울 수 있는 펜을 사용해봤는데, 정말 사용하기 편해서 놀랐어요. 쓴 글자나 선을 지울 때 특별한 지우개가 필요할까 걱정했지만, 일반 지우개로도 간단히 지울 수 있었습니다.

리뷰 3:
지울 수 있는 펜은 놀라운 기술의 진보입니다! 일반 펜으로서의 기능도 전혀 부족함이 없어요. 게다가 쓴 내용을 지울 수 있다는 점이 정말 대단합니다. 노트나 다이어리에 적은 내용을 나중에 바꿔야 할 때 지우개로 쉽게 수정할 수 있어요. 그야말로 혁신적인 상품이고, 매우 만족하고 있습니다.

Next Step » 더 좋게 만들기!

USER
사용해보고 불편하다고 느낀 리뷰도 조금만 추가해줘.

✦ ✉ **부정적인 의견도 들어보기**
상품이나 서비스의 특성을 보다 정확하게 파악하기 위해서는 부정적인 리뷰를 과감히 ChatGPT에게 요청하는 등 다양한 각도에서 상상을 펼쳐보는 것도 효과적인 방법이다.

ChatGPT
리뷰 4:
지울 수 있는 펜을 사용해 보았지만, 약간 불편하다고 느낀 점도 있었습니다. 글자나 선을 지울 때, 힘을 줘야 하는 경우가 있습니다. 지웠다고 생각했는데도 자국이 남는 경우가 있으므로 주의가 필요합니다. 또한, 지우개 같은 것을 사용하기 때문에 지우개가 빨리 닳습니다. 자주 실수를 수정하는 경우에는 지우개를 자주 교체해야 할 필요가 있습니다. 그래도 이 지울 수 있는 펜은 편리성이 높아, 일부 불편한 점이 있더라도 저에게는 매우 유용한 도구인 것은 변함없습니다.

리뷰 5:
지워지는 펜을 사용해보았지만, 일부 용도에는 적합하지 않다고 느꼈습니다. 특히, 물에 젖기 쉬운 습기가 많은 장소에서는 사용하기에 부적절합니다. 잉크가 번져서 지우지 못하거나, 지운 후 자국이 남는 경우가 있습니다. 또한, 지우개 효과도 수분에 의해 떨어지는 경우가 있었습니다.

고객 리뷰는 기업 입장에서는 상품 개발 및 상품 개선에 필수적인 정보이며, 사용자 입장에서는 구매를 고려하는 데 있어 유용한 정보다.
고객 리뷰를 수집하고 분석하는 일은 제품의 특성을 좋든 나쁘든 드러나게 한다. 따라서 고객을 끌어들이는 광고를 제작하는 수단으로 가상의 리뷰를 **참고하는 것은 효과적**이라고 할 수 있다. 보다 사실적인 리뷰를 작성하기 위해서는 상품이나 서비스의 특성을 가감 없이 ChatGPT에게 전달해야 한다.

+α **생각치 못한 상품 가치의 발견**

고객 리뷰란 상품이나 서비스를 실제로 구매한 사람이 직접 사용해 본 느낌이나 상품의 장점과 단점을 비판하고 피드백하는 것을 말한다. 고객 리뷰를 효과적으로 활용하면 제품의 기능이나 서비스의 가치를 사용자에게 전달할 수 있다.

실제로 로봇 청소기 '룸바'로 잘 알려진 아이로봇이, 고객 리뷰를 활용한 광고를 선보인 사례가 있다. 기차역 안팎에 "**청소 시간이 가족과의 시간이 되었습니다**"와 같은 문구가 게재되었는데, 이는 실제 구매자의 **목소리를 활용한 것이다.**

'강한 흡입력' 같은 기존의 광고 문구와는 달리, 제품과 사용자의 일상 간의 관계를 생생하게 보여주는 새로운 형태의 캐치프레이즈라고 할 수 있다.

Scene // 콘텐츠 만들기   #글작성 #아이디어 도출

활용법 52 설명문이나 기사 초안을 작성해줘

POINT

① 기사 작성 지시
② 글의 글자 수 및 대상 독자 지정
③ 설명문이나 기사에 추가하고 싶은 정보 입력

USER
다음 정보를 포함해서 기사 작성을 부탁해. ① 글자 수는 150자 이내로, 독자는 어린이부터 성인까지야. ②

- 100% 과일 주스라고 표시된 제품
- 표시된 수치보다 실제 과일 함량이 적은 경우   ③
- 구매한 부모나 마시는 아이들이 손해를 보고 있다

ChatGPT
제목: '100% 과일 주스'의 표시에는 주의가 필요

본문: 100% 과일 주스라고 표기된 제품을 구매하거나 마실 때는 주의가 필요합니다. 표시된 비율보다 실제 과일 함량이 적을 수 있으며, 100% 과일 주스가 아닐 수도 있습니다.

이럴 경우, 구매하는 부모나 마시는 아이들이 손해를 볼 수 있습니다. 100% 과일 주스를 선택할 때는 제품의 성분 표시를 확인하는 것이 중요합니다. 과일 비율이나 기타 첨가물이 명시되어 있어야 하며, 신뢰할 수 있는 제조사에서 구매하는 것도 중요합니다.

소비자는 정확한 정보를 바탕으로 선택할 권리가 있습니다. 상품명을 그대로 믿기보다는 성분 표시를 꼭 확인합시다.

Next Step » 더 좋게 만들기!

USER
건강 문제나 식품 문제에 관심이 깊은 주부층을 대상으로 한 기사로 작성해줘.

ChatGPT
제목: '과즙 100%의 진실-가족을 지키는 주스 선택 가이드'
본문: '과즙 100%'라고 표시된 주스를 선택할 때, 소비자는 그 진위 여부를 확실하게 확인해야 합니다. 한국에서는 식품 표시법에 따라 주스의 표시에는 엄격한 규칙이 있습니다. '주스라고 표기할 수 있는 것은 과즙 100%만이며, 과즙이 10% 이상 100% 미만인 것은 '과즙 음료', 10% 미만인 것은 '청량 음료'라고 표기해야 합니다. 또한 과즙 100% 주스 이외의 제품에서는 과일 단면이나 과일에서 방울이 떨어지는 모습을 포장에 표현할 수 없다는 규정도 있습니다. 이는 소비자가 제품의 과즙 함유량을 잘못 이해하지 않도록 하기 위한 조치입니다.
하지만 이러한 규정을 벗어난 표시를 하고 있는 제품도 존재하여 소비자를 혼란스럽게 할 우려가 있습니다. 건강을 염려하고 가족을 위해 좋은 음식을 고르고자 하는 주부층이나 주스를 마시는 아이들이, 자신도 모르게 손해를 보게 될 수 있는 것입니다. 건강과 식품의 안전을 지키기 위해서는 의문점이 있을 경우 제조사에 문의하거나, 소비자청 및 식품안전위원회의 웹사이트를 활용하여 소비자가 정확한 정보를 파악하는 것이 중요합니다.

✦ 타깃 세분화하기
독자의 대상을 '어린이부터 성인까지'가 아닌, 이러한 주제에 특히 관심이 있는 집단으로 좁히면 ChatGPT에서 보다 구체적이고 전문적인 정보를 얻을 수 있다.

글을 쓸 때 **대상 독자**에 따라 내용을 바꾸는 경우도 있을 것이다. **누군가를 위한 글을 쓴다면, 읽는 사람이 이해할 수 있는 글이어야만 의미가 있다.** ChatGPT로 글을 작성할 경우, 대상 독자를 반드시 지정해야 한다. 연령대뿐만 아니라 '주부(남편)' 혹은 '회사원'과 같은 입장에 따라 관심 있는 단어나 주제는 달라질 수 있다. 대상 독자를 세밀하게 지정하면 원하는 이미지에 가까운 글을 생성할 수 있을 것이다.

+α 정보 소스 불러오기

기사나 **글**을 작성할 때 반드시 어떤 정보 소스를 바탕으로 작성하게 되는데, ChatGPT에게 글을 작성해달라고 할 때도 그냥 'OO을 주제로 글을 써줘'라고 지시하는 것이 아니라, **정보 소스**를 불러오게 하는 것이 포인트다.
왼쪽 프롬프트(132쪽)처럼 정보가 정리된 글머리 기호를 쓰지 않더라도 문장을 불러오기만 하면 된다.

ChatGPT는 프롬프트에서 얻은 정보를 잘 정리해서 새로운 글이나 문장으로 만들어 줄 것이다.
또한, 읽어들이는 문장이 장문일 때는 ChatGPT의 확장 기능인 **"Advanced Data Analysis(21쪽 참조)"**를 사용하면 된다. 이 기능을 켜면 파일을 업로드할 수 있으므로, 긴 글의 파일이나 Word 등을 불러와 원하는 이미지에 가까운 글이나 기사를 생성해보자.

Scene // 콘텐츠 만들기   #아이디어 도출   #생각의 힌트

활용법 **53**

웹사이트의 FAQ를 고안해줘

POINT

① 웹사이트 개요 명확히 적기
② 항목 용도 명확히 적기
③ 항목 수 지정 및 검토 지시

 USER
우리 회사는 온라인 쇼핑몰 사이트를 통해 상품과 서비스를 제공하는 것을 중심으로 활동하고 있어. 홈페이지에 올릴 '사이트 이용'에 관한 Q&A 항목 3개를 생각해줘.

 ChatGPT
다음은 온라인 쇼핑몰 사이트 이용에 관한 Q&A 항목의 예시입니다.

1. 온라인 쇼핑에 관한 Q&A:
    - 주문 취소나 변경 방법은 어떻게 하나요?
    - 상품의 반품이나 교환에 대해 알려주세요.
    - 결제 방법은 몇 가지가 있나요?
    - 배송까지 소요되는 시간은 얼마나 걸리나요?
    - 상품의 재고 상태를 확인할 수 있는 방법이 있나요?

2. 계정 및 보안에 관한 Q&A:
    - 계정 만들기는 어떻게 하나요?
    - 비밀번호를 잊어버린 경우, 어떻게 재설정할 수 있나요?
    - 계정 보안은 어떻게 관리되고 있나요?
    - 개인 정보 보호를 위한 조치는 무엇인가요?
    - 부정 접근에 대한 대책은 있나요?

3. 웹사이트 이용 방법에 관한 Q&A:
   - 웹사이트에서 상품을 검색하는 방법을 알려주세요.
   - 위시리스트나 즐겨찾기 기능은 있나요?
   - 웹사이트 사용 중에 오류 메시지가 표시되면 어떻게 해야 하나요?
   - 쇼핑몰 사이트가 느리게 표시될 경우, 해결 방법은 있나요?
   - 개인 정보 처리방침은 어디에서 확인할 수 있나요?

홈페이지나 웹사이트에 게시된 **FAQ**란 '**자주 묻는 질문과 그에 대한 답변**'을 뜻한다. FAQ를 게시하면 문의 대응의 번거로움을 방지하고 사용성과 이에 따른 고객 만족도를 향상시킬 수 있다.

상품을 판매하는 입장에서는 당연히 상품에 대해 잘 알고 있기 때문에 의외로 처음 이용하는 사람이 느끼는 궁금증을 생각하기 어려울 수 있다. 이럴 때 ChatGPT를 활용하여 상품에 대한 질문을 검토해보면, 사용자 입장에서 질문과 의견을 반영한 FAQ를 작성할 수 있다.

FAQ 작성 프롬프트 변형 예시

 고객이 서비스 해지를 원할 경우의 Q&A를 작성해줘.

 고객이 등록한 우편 주소 변경을 요청했을 때의 Q&A를 추가해줘.

+α FAQ 페이지의 데이터를 마케팅에 활용

FAQ 페이지의 장점 중 하나는 페이지의 데이터 분석을 **마케팅**에 활용할 수 있다는 점이다.

예를 들어, FAQ 페이지에서 조회 수가 높은 내용이 무엇인지, FAQ 페이지의 내용을 변경하여 문의가 증가했는지 감소했는지 등. 이러한 데이터를 면밀히 분석하여 새로운 고객의 니즈를 발견할 수 있다면 상품과 서비스의 품질 개선으로 이어질 수 있다. 이를 위해서는 **고객이 무엇을 찾기 위해 사이트를 방문했는지 정확히 파악하는 것이 중요하다.** 그리고 수집된 질문을 최적화하면서 필요에 따라 질문 항목을 늘려 나가는 것이 중요하다.

Q&A의 범주 분류나 문의 양식 내용 등 사용자가 직관적으로 사용할 수 있는 페이지 디자인도 중요하다. '**범주를 제안해줘**', '**항목은 몇 개가 적당할까?**' 등의 질문을 통해 FAQ 페이지를 지속적으로 개선할 수 있다.

Scene // 인터뷰　　　#조사·분석　#시간절약

활용법 **54**

대화 데이터로 그 사람의 대화 경향을 분석해줘

POINT
① 대화 데이터 개요 명확히 적기
② 상대 지정 및 경향 설명 지시
③ 대화 데이터 입력

USER
다음은 기자(이수현)가 경제 전문가인 최경식 선생님에게 경제 동향에 대해 질문한 내용의 전문이야. 최경식 선생님의 대화 경향을 알려줘.

　이수현: 최경식 선생님, 오늘 시간을 내주셔서 감사합니다. 최근 경제 동향에 대해 전문가로서 견해를 말씀해주시길 바랍니다.
　최경식: 초대해주셔서 감사합니다. 우선, 현재의 경제는 디지털 혁신, 환경 문제, 그리고 신종 바이러스의 영향으로 큰 변동을 보이고 있습니다.

ChatGPT
이 테이프 기록에서 최경식 선생님의 대화 경향을 몇 가지 파악할 수 있습니다.

1. 지식이 풍부하고 이해하기 쉬운 설명: 최경식 선생님은 경제 전문가로서 디지털 혁신, 환경 문제, 신종 바이러스의 영향 등에 대해 풍부한 지식을 가지고 있으며, 이를 쉽게 이해할 수 있는 언어로 설명하고 있습니다.
2. 경제와 다른 요인의 관련성에 주목: 최경식 선생님은 경제를 단독 요인으로 보는 것이 아니라, 여러 가지 요소가 복합적으로 작용하는 관점에서 경제를 설명하고 있습니다. 또한, 경제 동향에 대해 낙관적인 측면과 조심스러운 측면을 균형 있게 고려하며, 경제에 관한 폭넓은 지식을 가지고 이를 이해하기 쉬운 언어로 전달하는 데 열정을 쏟고 있습니다. 또한, 정보 제공에 대한 기여 의욕이 높다는 특징도 있습니다.

Next Step ≫ 더 좋게 만들기!

USER
다음 인터뷰에 이 경향을 활용하고 싶어. 어떻게 하면 좋을까?

✦ ✉ **경향 분석을 인터뷰에 활용하기**
경향을 바탕으로 다음 인터뷰에서 양질의 정보를 얻기 위해 무엇을 질문하면 좋을지 물어볼 수 있다. 추가 프롬프트로 더 많은 정보를 얻을 수 있다.

ChatGPT
최경식 선생님의 경향을 활용하기 위해서는 다음의 대응책을 고려하는 것이 중요합니다.

1. **사전 질문 리스트 준비**: 최경식 선생님의 풍부한 지식을 최대한 활용하기 위해, 사전에 취재 주제에 관한 질문 리스트를 준비하는 것이 좋습니다. 특히, 디지털 혁신, 환경 문제, 신종 바이러스의 영향 등에 대해 깊이 있는 질문을 준비하면 좋습니다.
2. **관련 요인 탐구**: 최경식 선생님의 의견을 이끌어낼 때, 선생님이 경제에 미치는 영향을 다른 요인과 어떻게 고려하는지 깊이 탐구해야 합니다. 예를 들어, 디지털 혁신이 산업 구조에 미치는 영향에 대해 구체적으로 질문을 던져보세요.
3. **긍정적 측면과 부정적 측면 모두 묻기**: 최경식 선생님이 비즈니스 기회와 위험 요소 양쪽을 고려하고 있다는 점을 바탕으로 질문을 준비해보세요.

이러한 대응책을 토대로 최경식 선생님의 전문 지식을 최대한 끌어내고, 다양한 시각에서 경제 동향에 대한 취재를 진행할 수 있도록 노력하세요.

대화 데이터에서 취재 대상의 **대화 경향**을 파악해 기사 작성이나 데이터 수집에 활용할 수 있다. 대화 데이터의 내용과 분석의 타깃을 명확히 한 후, '**대화 성향을 알려줘**'라고 지시 하면 대화 경향을 분석할 수 있다. **상대방이 어떤 사람인지, 어떤 부분에 신경을 쓰며 대화를 하는지 알면 정보의 신뢰도나 대화 내용의 균형을 파악할 수 있다.**

+α 대화 데이터를 분석하여 양질의 취재 결과를 얻기

말할 때는 사람마다 일정한 경향이 나타난다. 이러한 경향을 몇 가지 알고 있으면, 인터뷰 등에서 상대와 대화할 때 도움이 된다.

예를 들어, 질문에 잡담을 곁들여 답변하는 경향을 가진 사람과 대화하다 보면 언뜻 논점이 잘 보이지 않는 경우가 있다. 이 경우에는 **구체적인 사례나 에피소드 속에 의외로 중요한 정보가 섞여 있거나 무심코 내뱉은 한 마디가 당사자의 생각을 강하게 반영하곤 한다.** 따라서 잡담이야말로 주의 깊게 경청하는 자세가 필요한 지점이다.

한편, 질문에 담백하게 답하는 사람의 경우, 논점을 파악하기는 쉽지만 그 배경이나 근거, 사고 과정 같은 추가 정보를 얻기 어렵다. 이럴 때는 **질문의 유형을 다양하게 하거나, 답변과 관련된 에피소드를 끌어내는 식으로 대응하자.**

또한 "Advanced Data Analysis(21쪽 참조)" 기능을 활용해 문자 기록을 분석하고 말투의 경향을 파악한 뒤, 그에 맞는 대응 전략을 세우면 인터뷰나 대화의 밀도를 높일 수 있다.

Scene // 인터뷰　　　　　　　　　　　　　　　　#글작성　#아이디어 도출

활용법
55　설문 항목을 구상해줘

POINT

① 자신의 직업 명확히 적기
② 항목 수 지정 및 작성 지시
③ 설문 내용 입력

USER
음식점을 운영하고 있어.① 다음의 설문 내용에 맞춰 항목을 구상해줘. 총 10개를 작성해줘.②

- 서비스 방식
- 영업 평가
- 요리 평가

ChatGPT
설문 항목을 작성합니다. 다음은 귀하의 음식점에 관련된 항목들입니다.

1. 서비스 방식
    - 직원의 대응은 어땠습니까?
    - 대기 시간이나 주문 접수에 대해 만족하셨습니까?
    - 직원의 태도와 미소는 호감을 주었습니까?
2. 영업 평가
    - 매장 내 분위기나 장식에 대해 어떻게 생각하셨습니까?
    - 메뉴 안내에 대해 만족하셨습니까?
    - 서비스 속도나 효율성에 대해 어떻게 느끼셨습니까?
    …

이러한 항목들을 설문에 포함시키면, 고객으로부터의 피드백이나 개선점을 수집할 수 있습니다.

Next Step » **더 좋게 만들기!**

✨ 📧 **고객의 특징과 방문 상황까지 파악하기**

응답의 의미를 보다 깊고 정확하게 분석하기 위해서는 응답자가 어떤 특징이 있는지, 누구와 함께 어떤 배경에서 방문했는지 등을 물어보는 것도 좋은 방법이다.

USER
어떤 상황에서 방문했는지도 설문 항목에 추가해줘.

ChatGPT
다음은 추가 항목을 포함한 설문 항목입니다.

1. 성별
   남성
   여성
   기타

2. 방문 상황(복수 선택 가능)
   친구와의 식사
   가족과의 식사
   데이트
   업무 미팅
   기타

소비자 대상 **설문 조사**는 예를 들어, 실적 부진의 원인이 어디에 있는지, 혹은 매장의 강점이 무엇인지 발견할 수 있는 좋은 자료가 될 수 있다. **설문 조사 응답 수(응답률)를 높이기 위해서는 질문의 문항이 한눈에 이해할 수 있도록 명확해야 한다.** ChatGPT에 입력할 때 응답자가 헷갈릴 수 있는 애매모호한 질문은 피하고 가급적 선택형 문항을 만들어 응답의 진입 장벽을 낮춰야 한다.

+α 설문 조사 의도 확인

설문 항목을 정할 때, 그 **의도**를 제대로 파악하는 것이 중요하다. **고객 만족도를 알아보기 위해, 매출 향상에 대한 힌트를 얻기 위해, 고객의 행동을 수치로 뒷받침하기 위해** 등 설문 조사를 실시하는 이유는 다양하다.

먼저 설문 조사의 '목적'을 명확히 해야 설문 조사의 대상과 방법, 유효한 질문을 설정할 수 있다. 이를 위해 ChatGPT에서 제시한 항목에 대해 '이 설문 항목은 어떤 의도로 작성된 것인지'를 수시로 확인해야 한다. 질문의 의도를 파악하지 못하면 설문 결과를 상품 및 서비스에 반영할 수 없다. 설문 결과를 제대로 분석하기 위해서도 필수적인 과정이다.

또한, 최근에는 설문 조사 방법이 테이블에 놓인 종이에 직접 적는 익숙한 방법 외에 디지털 기기를 이용하는 방법도 일반적으로 자리 잡고 있다. 기기 사용에 거부감이 없는 젊은 층이 많은 매장이라면 인터넷 환경을 이용한 설문 조사가 응답률이 향상될 수 있고 모든 응답이 즉각적으로 데이터화되어 추후 통계 및 분석에도 편리하다.

Scene // **인터뷰** #조사·분석 #평가·비평

활용법 56
설문 조사 결과를 통해 알 수 있는 경향을 분석해줘

POINT
① 설문 내용 명확히 적기
② 설문 결과 분석 지시
③ 설문지 질문 내용 및 답변 입력

USER

저출산 고령화에 관한 설문 조사①를 실시했어. 다음은 질문 내용과 그에 대한 답변이야. 이 설문 조사에서 알 수 있는 경향을 분석해줘.②

③ 질문: 저출산 고령화란 무엇인가요?
답변: 저출산 고령화란, 출생률이 낮아지고 고령 인구가 증가하면서 인구 구성에서 젊은 층에서 고령층으로 변화하는 현상을 의미합니다.
질문: 저출산 고령화의 주요 원인은 무엇인가요?
답변: 저출산 고령화의 주요 원인은, 결혼 연령의 늦어짐, 출산 연령의 늦어짐, 경제적 불안정, 여성의 사회 진출, 핵가족화, 도시화, 고령자의 건강 관리 개선 등 여러 가지 문제들이 복합적으로 작용한 결과입니다.

ChatGPT

이 설문 조사에서 저출산 고령화에 대해 다음과 같은 경향을 분석할 수 있습니다:

1. 저출산 고령화의 정의와 원인: 저출산 고령화는 출생률의 저하와 고령 인구의 증가로 인해 인구 구성에서 젊은 층에서 고령층으로 변화하는 현상입니다. 저출산 고령화의 주요 원인으로는 결혼 연령의 늦어짐, 출산 연령의 늦어짐, 경제적 불안정, 여성의 사회 진출, 핵가족화, 도시화, 고령자의 건강 관리 개선 등이 있습니다.(중략)

이러한 정보를 통해 저출산 고령화는 사회적 및 경제적 문제임을 알 수 있으며, 이를 해결하기 위한 대책은 출생률 향상, 노동력 활용, 의료 및 돌봄 시스템 개혁 등 폭넓은 분야에서 진행되고 있다는 것을 알 수 있습니다.

Next Step » **더 좋게 만들기!**

✦ ✉ 원인 및 개선 방안 심층 분석하기

저출산 고령화 현상을 지금까지 막을 수 없었던 이유를 더 자세히 알고 싶다면, 그 이유도 포함해 ChatGPT에게 물어 더 깊이 있는 분석이 가능하다.

USER
정부가 저출산 고령화를 개선하지 못한 이유도 3개 덧붙여줘.

ChatGPT
정부가 저출산·고령화 문제를 해결하지 못한 이유는 다음과 같은 점들로 생각할 수 있습니다:

1. 구조적인 문제와 시간의 경과: 저출산 고령화는 장기적인 현상으로, 그에 대한 대책은 시간과 지속적인 노력이 필요합니다. 정부의 정책은 종종 선거 주기나 단기적인 목표에 집중하게 되어, 저출산 고령화 문제에 대한 지속적인 전략이 부족할 수 있습니다.
2. 사회적 변화에 대한 대응의 지연: 저출산 고령화는 복잡한 사회적 요인들에 의해 발생하기 때문에, 정부의 대책은 개별 변화나 필요에 신속하게 대응해야 합니다. 그러나 정부의 결정 과정이나 관료 시스템의 늦음, 기존 사회 제도나 문화에 대한 적응의 지연 등이 있어 대책 시행이 늦어질 수 있습니다.
3. 재정적 제약과 우선순위 문제: 저출산 고령화에 대한 정부의 대책은 여러 분야에 걸쳐 있으며, 그로 인한 재정적 부담이 클 수 있습니다. 정부는 한정된 예산을 효과적으로 배분해야 하며, 다른 중요한 정책 과제들과의 우선순위를 고려해야 합니다. 재정적 제약이나 정치적 의사 결정 과정으로 인해, 저출산 고령화 대책이 충분히 실행되지 않는 경우가 있을 수 있습니다.

설문 조사 결과를 어떻게 분석해야 할지 고민하는 경영자들도 많을 것이다. 우선 어떤 주제로 설문 조사를 진행했는지와 조사에서 얻은 주요 응답을 항목별로 정리한 후 '**설문 결과를 분석해줘**'라고 요청해 보자. 입력하는 항목에 따라 ChatGPT의 답변이 달라지기 때문에 여러 번 반복해 비교해보면 그동안 미처 발견하지 못했던 문제점이 드러날 수도 있다.

+α 설문 조사 분류에도 활용

설문 조사 등 시장 조사를 통해 얻은 답변이나 정보는 고객 또는 잠재 고객의 생각이다. 이를 바탕으로 상품이나 서비스 개발 및 개선 등의 니즈, 또는 자사의 과제를 파악할 수 있을 것이다.

하지만 설문 조사 결과 양이 방대하면 그 결과를 일일이 검토하고 분석하는 것만으로도 많은 시간이 걸린다. 이러한 작업은 ChatGPT에게 맡겨보자. "**Advanced Data Analysis(21쪽 참조)**"를 이용해 ChatGPT에 수치가 기재된 Excel 등을 불러오면, 결과를 그래프로 만들어주거나 결과로 알 수 있는 내용을 분석해주는 기능을 제공한다.

한 질문에 대한 답변이 여러 개일 경우, 답변을 정리한 Word를 불러오게 하는 것을 추천한다. '**좋은 의견과 나쁜 의견으로 분류해줘**'라고 지시하면 분류해 줄 것이다.

모든 결과를 다 보지 않고도 설문 결과를 빠르게 파악할 수 있다.

Scene // 개발 #시간절약 #프로그래밍

활용법

웹사이트 제작용 코드를 작성해줘

POINT

① 웹사이트 목적 명확히 적기
② 코드 작성 지시
③ 조건 및 희망 사항 명확히 적기

USER
취업 활동 채용 사이트①의 코드를 적어줘.② 간단하고 이해하기 쉬운 사이트 구조로 만들어줘.③

ChatGPT
웹사이트 제작에는 많은 요소가 관련되지만, 여기서는 간단한 취업 정보 사이트의 HTML과 CSS 예시를 제공합니다. 이 예시에서는 Bootstrap을 사용하여 반응형 디자인을 구현하고, 사용하기 쉽고 간단한 디자인을 목표로 하고 있습니다.

먼저, HTML의 기본 구조부터 시작합시다.

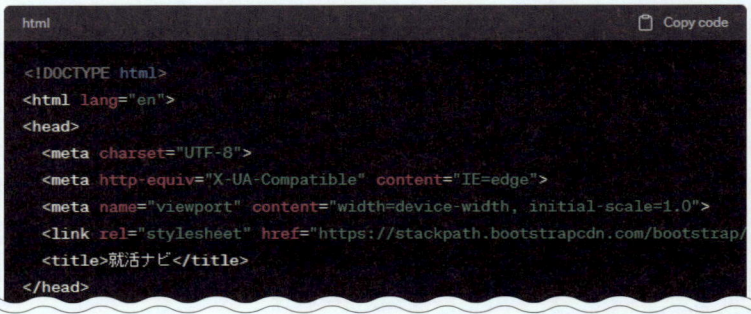

```
        <p>&copy; 2023 就活ナビ</p>
    </footer>

    <script src="https://code.jquery.com/jquery-3.3.1.slim
    <script src="https://cdnjs.cloudflare.com/ajax/libs/pop
    <script src="https://stackpath.bootstrapcdn.com/bootstr
</body>
</html>
```

이 코드는 Bootstrap을 사용하여 기본적인 내비게이션 바와 푸터가 포함된 웹페이지를 만듭니다. 채용 정보와 같은 콘텐츠는 '최신 채용 정보' 섹션에 추가할 수 있습니다. 디자인 사용자 정의나 추가 기능 구현을 위해서는 더 세부적인 코드 작성이 필요합니다. 구체적인 요구 사항이나 기능에 따라 HTML, CSS, JavaScript를 추가하거나 수정하여, 더 사용하기 쉽고 효율적인 웹사이트를 만들 수 있습니다.

웹사이트를 제작할 때 먼저 사이트의 **목적, 타깃층, 디자인 이미지** 등을 결정한다. ChatGPT에게 코드 작성을 요청할 때도 이런 **정보를 상세히 전달하면 원하는 이미지에 가까운 사이트 구성과 코드를 작성할 수 있도록 도와줄 것이다.**

단순히 열람이 목적인 사이트라면 간단한 구성이 되겠지만, 예를 들어 취업 사이트라면 지원서 양식이 필요하고, 온라인 쇼핑몰 사이트라면 장바구니나 결제 같은 기능이 필요할 수 있다. 이런 기능을 구성에 반영하기 위해서라도 목적을 밝히는 것은 필수다.

코드 작성 프롬프트 변형 예시

 사이트 메뉴는 가급적 적게, 레이아웃도 간결하게 해줘.

 최근 웹사이트 트렌드를 반영한 페이지 구성을 제안해줘.

+α 사이트맵 만들기

웹사이트를 제작할 때, 먼저 페이지 구성 등을 정리하고 싶다면 ChatGPT에서 **사이트맵**을 만들어보자.

사이트 개요와 목적, 타깃, 넣고 싶은 페이지 등을 지정하면 그에 맞는 사이트맵을 만들어준다. 필요한 항목들은 프롬프트로 추가적으로 지정하면 된다.

이 **사이트맵을 만든 뒤 코드를 작성하면 원하는 이미지에 보다 가까운 사이트를 만들 수 있는 가능성이 높아진다.** 또한, 출력된 코드를 참고하여 직접 수정하면 작업 속도가 한결 빨라진다.

사이트를 구현했는데 오류가 발생하면 개선점 등도 찾아주기 때문에 ChatGPT를 충분히 활용해 고도화된 작업을 빠르게 진행할 수 있다.

더 자연스러운 문장으로 만들기

프롬프트 아이디어 구상하기

ChatGPT는 자연어 처리 능력을 갖추고 있어, 생성되는 문장의 완성도가 높다. 특히 사람과 대화하는 것처럼 자연스러운 흐름의 대화를 할 수 있다는 점이 기존의 AI 도구들과 차별화되는 부분이다. 하지만 때때로 정확도가 낮은 문장이 생성되는 경우도 있다. 더 자연스러운 문장을 출력받기 위해서는 어떻게 해야 할까?

첫 번째는 프롬프트에서 명확히 지시하기다. 앞서 설명한 것처럼, ChatGPT가 무엇을 해주길 원하는지 목표를 명확히 지시하는 것이 중요하다.

두 번째는 영어로 지시하기다. ChatGPT는 영어 문장을 가장 많이 학습했기 때문에, 다른 언어보다 영어에서 더 높은 정확도를 보인다. 번거롭겠지만, ChatGPT에게 번역을 먼저 요청한 후 원하는 프롬프트를 영어로 지시하는 방법도 사용할 수 있다.

세 번째는 지적하기다. ChatGPT가 정확도가 낮은 문장을 출력했을 때, 어떤 부분이 이상한지 구체적으로 지시하여 수정하도록 요구한다. ChatGPT는 같은 대화창 내에서 대화를 축적하기 때문에, 이러한 지적도 누적으로 학습한다. 그 결과, 다음 출력에서는 설정된 수정 사항을 반영하여 더 정확한 출력을 기대할 수 있다. '/Regenerate'를 입력해 답변 재생성을 유도할 수 있다.

네 번째는 유료 버전인 ChatGPT Plus 이용하기다. 2025년 5월 기준, 무료 버전과 유료 버전 모두 GPT-4o를 사용하지만 무료 버전의 경우 사용량이 많아지면 GPT-4.1 mini로 강제 전환되는 일이 빈번하다. 반면 유료 버전의 경우 답변 우선권과 훨씬 많은 사용량을 갖기 때문에 가장 빠르게 더욱 길고 다양한 답변을 받을 수 있다.

GPTs "Prompt Perfect GPT"

ChatGPT Plus를 이용하고 있다면, GPTs도 적극적으로 사용해보자. "Prompt Perfect GPT"는 프롬프트를 최적의 문장으로 변환하여 지시해주는 GPTs다. 'GPT 스토어'에서 해당 GPTs를 검색한 후, 일반 GPT와 채팅하듯 사용하면 된다.

예를 들어, '잘 잘 수 있는 방법을 알려줘 perfect'라고 지시하면, '잘 잘 수 있는 방법에 대해 가장 정확하고 포괄적이며 고품질의 답변을 알려줘'와 같은 프롬프트로 자동 변환되고, 그에 대한 답변이 출력된다. 한마디로, 질문이 더 명확하게 변환되도록 도와주는 것이다. 다만, 답변은 항상 영어로 출력되므로, 한국어 답변을 원하면 번역 작업을 거쳐야 한다.

Chapter
4

비즈니스 지식 보강 활용법

Scene // 마케팅　　　　　　　　　　　　　　　　#정보수집　#시간절약

활용법 58 웹 브라우징 기능으로 최신 정보 얻기

POINT

▶ 플러그인 WebPilot 선택
① 알고 싶은 정보 명확히 적기
② 알려달라고 지시

USER
달러-원의① 최신 정보를 알려줘②.

ChatGPT
달러-엔 환율에 대한 최신 정보를 알려드리겠습니다. 최신 달러-엔 환율 정보는 다음과 같습니다:

- 1달러 = 1,399.85원
- 날짜 및 시간: 2025년 5월 30일 08:14 UTC

이 정보는 해당 웹사이트에서 가져온 것입니다. 환율은 항상 변동하므로, 실시간 정보를 얻기 위해서는 직접 웹사이트를 확인하는 것을 추천드립니다.

유료 버전 ChatGPT에서 사용할 수 있는 플러그인 **"WebPilot"**을 사용하면 **웹에서 최신 정보를 얻을 수 있다.** ChatGPT(GPT-3.5)는 2023년 10월까지만 정보를 학습했기 때문에, WebPilot을 사용하면 최신 정보를 쉽게 얻을 수 있다. 이 플러그인을 이용해 마케팅에 유리하게 활용하자.

정보를 얻고 싶을 때는 반드시 **기간**도 설정해야 한다. 해당 기간에서 원하는 정보를 찾아줄 것이다. **얻은 정보를 ChatGPT가 분석하도록 할 수도 있다.**

Next Step >> 더 잘 활용하기!

✨📩 얻은 정보를 표로 정리하기

ChatGPT를 사용해 정보를 표로 정리할 수 있다. 추가 프롬프트를 통해 지시 사항을 제시하고, 처음 얻은 정보를 표로 만들어보자.

USER
1개월 전부터 최근까지의 달러-원 정보를 표로 정리해줘.

ChatGPT
다음은 지난 1개월간의 달러-원 환율 이력을 표로 정리한 것입니다:

날짜	종가	시가	고가	저가	변동률
2025-06-04	1,374.81	1,377.71	1,376.67	1,370.92	− 0.28%
2025-06-03	1,378.72	1,377.71	1,380.74	1,373.30	+ 0.12%
2025-06-02	1,377.05	1,382.99	1,383.74	1,371.01	−0.43%
2025-06-01	1,382.99	1,381.99	1,382.99	1,382.99	0.00
2025-05-30	1,382.99	1,371.39	1,384.13	1,368.19	+ 0.85%
2025-05-29	1,371.39	1,374.60	1,385.99	1,368.97	− 0.23%
2025-05-28	1,374.59	1,375.80	1,378.54	1,368.61	− 0.09%

이 데이터는 Investing.com에서 가져왔습니다.

최신 정보 입수 프롬프트 변형 예시

 이 정보를 바탕으로 앞으로의 추세를 예측해줘.

 이 정보를 참고해서 적절한 마케팅 방법을 알려줘.

+α 최신 정보를 얻어 시장 조사

플러그인 "WebPilot"을 이용해 기간을 정하면 그 기간 내의 정보를 얻을 수 있다. **해당 정보로 ChatGPT에게 표와 그래프를 만들어달라고 요청하면 정보를 정리해준다.** 작성된 표와 그래프는 Excel이나 스프레드시트에 첨부하여 저장할 수도 있고, 또한 이 정보로 향후 추이를 예측해볼 수도 있다. 인용 출처도 표시되기 때문에 데이터를 대조하기도 용이하다. 이 외에도 URL을 지정해 '이 기사 요약해줘'라고 지시하면 지정한 사이트의 정보를 요약해줄 수도 있다.

마케팅이나 기획을 할 때, 프레임워크를 이용해 상품과 시장 분석, 시장의 니즈와 타깃의 정보를 파악하는 일은 매우 중요하다. 플러그인을 사용해 최신 정보를 효율적으로 수집해 원활한 마케팅과 기획을 진행해보자.

Scene // **마케팅**   #조사·분석   #생각의 힌트

활용법
59 고객의 행동 경향을 분석해줘

POINT
① 자신의 입장 명확히 적기
② 고객 행동 분석 지시
③ 분석하고 싶은 내용 입력

USER

부동산 회사에 근무하고 있어. 다음은 어떤 고객의 행동이야.
이 내용을 탕으로 고객 행동 분석을 해줘.

- 접수 단계에서 수수료에 동의했음에도 불구하고, 계약 직전에 수수료 협상을 시도함
- 고압적이고 무례한 태도를 보임

ChatGPT

제공해주신 고객의 행동을 바탕으로, 다음과 같은 분석을 진행할 수 있습니다.

1. 접수 단계에서 수수료에 동의했으나 계약 직전의 협상:
   - 고객이 처음에 수수료에 대한 정보를 정확히 이해하지 못했을 가능성이 있습니다. 접수 단계에서는 충분히 파악하지 못한 상태에서 수수료에 동의했지만, 계약 직전에 실제 금액이나 조건을 다시 확인했을 수 있습니다.
   - 고객이 수수료 협상 여지가 있다는 것을 알고 있었고 접수 단계에서는 일단 동의했지만, 계약 직전이 되어 더 유리한 조건을 얻기 위해 협상을 시도했을 가능성도 있습니다.

2. 고압적이고 무례한 태도:
   - 고객이 커뮤니케이션 능력이나 비즈니스 예절에 대해 충분한 인식을 갖고 있지 않을 가능성이 있습니다.
   - 고객이 불만이나 스트레스를 느끼고 있었고, 그것이 태도에 반영되었을 가능성도 있습니다.

Next Step » 더 좋게 만들기!

USER
고객의 행동에 대한 더 구체적인 대응 방법을 알려줘.

ChatGPT
고객의 행동에 대한 구체적인 대응 방법은 다음과 같습니다.

1. 접수 단계에서 수수료에 동의한 후 계약 직전의 협상:
   - 사전에 명확한 수수료 설명과 동의를 받도록 노력합니다. 접수 시 수수료에 대한 문서를 제공하고, 고객이 이를 충분히 이해한 후 서명하게 함으로써 나중에 협상을 방지할 수 있습니다.
   - 계약 직전에 수수료 협상이 이루어진 경우, 고객의 요구를 예의 있게 듣고, 상황에 맞게 유연하게 대응합니다. 양측이 타협할 수 있는 해결책을 찾기 위해 협상의 여지나 다른 옵션을 제안하는 것이 중요합니다.

2. 고압적이고 무례한 태도:
   - 상대방이 고압적이고 무례한 태도를 보일 때도, 냉정하고 전문적인 대응을 지속합니다. 감정적으로 대응하지 않고, 상대를 존중하며 대화를 이어가도록 합니다.
   - 고객의 불만이나 문제를 진지하게 받아들이고, 적절한 해결책을 제공함으로써 상황을 개선할 수 있습니다. 정중한 언어와 공감을 나타내는 표현을 사용하여 원활한 커뮤니케이션을 진행합니다.

✉ 해결책도 함께 모색하기

고객 행동의 배경이 파악되었다면, 그 문제를 해결하기 위한 구체적인 방법도 함께 살펴보자.

고객이 상품과 서비스를 구매하고 이용하게 하려면 더 좋은 상품과 서비스를 제공하는 것뿐만 아니라 **고객의 행동과 심리를 파악해야 한다**. 따라서 ChatGPT를 통해 고객의 행동을 분석해보자.

매장에 방문한 고객들의 행동 중에서, 많은 고객에게서 공통적으로 보이는 행동이나 신경 쓰이는 행동을 프롬프트에 입력하면 그 행동에 이르게 된 심리 등을 분석해준다.

+α 대응책을 묻기

고객의 행동과 심리를 아는 것만으로는 고객 응대 역량이 직접적인 향상으로 이어지지 않는다. 또한 고객 응대 역량이 향상되어도 상품 구매나 서비스 이용으로 않으면 회사 입장에서는 의미가 없다. 그러므로 고객의 행동에 대한 대응 방안을 ChatGPT에게 물어보는 게 좋다.

바로 앞에서 얻은 답변을 바탕으로 '**그런 행동에 대한 대처법을 알려줘**'라고 지시하면 된다. 단, 출력된 대처법만으로는 충분하지 않을 수 있으므로, 이를 참고해 각 회사나 매장에 맞는 대처법을 작성하는 것이 좋다.

이 방법을 이용하면 보다 원활한 주문 및 구매 대응, 불만 사항 대응 등 구체적인 고객 행동에 대한 대처 방법을 ChatGPT에게 물어볼 수 있다.

Scene // 마케팅   #정보수집 #시간절약

활용법 60

정보가 어떤 공식 자료에 실려 있는지 알려줘

POINT

① 알고 싶은 정보 명확히 적기
② 공식 자료에서 정보를 얻고 싶다는 것을 명확히 적기
③ URL 요청

USER
한국의 외국인 관광객 상황을 알고 싶어.① 그리고 그 정보가 어떤 공식 자료에 실려 있는지와②, URL도 알려줘.③

ChatGPT

1. 한국의 외국인 관광객 현황 (2024년 기준, 최신 상황)
   - 2024년 기준 한국을 방문한 외국인 관광객 수는 코로나19 팬데믹 이후 지속적으로 회복세를 보이고 있습니다.
   - 2024년 1분기(1~3월)에는 약 300만 명이 방문했으며, 연간 목표는 1300만 명 이상입니다.
   - 주요 방문 국적: 일본, 중국, 대만, 미국, 베트남, 태국 등
   - 주요 방문 목적: 관광·여가, 비즈니스, 의료 관광, 한류(음식·문화·음악·영화) 체험 등
   - 최근 이슈: 중국 단체 관광 재개, K-컬쳐 열풍, 크루즈 관광 활성화, 개인 자유여행객 증가 등

2. 공식 통계 및 자료
   문화체육관광부(문체부)
   - 자료명: 관광 산업 동향 분석, 외래관광객 통계 등
   - URL: https://www.mcst.go.kr/kor/s_data/statistics/StatisticsList.jsp?pCurrentPage=1&topMe

Next Step » 더 좋게 만들기!

USER
동아시아 지역에 관한 외국인 방문 상황에 대한 정보를 알려줘.

ChatGPT
네, 동아시아(한국, 일본, 중국, 대만, 홍콩, 마카오 등) 주요 국가의 외국인 관광객 방문 현황을 요약해서 알려드릴게요. 최신(2023~2024년) 기준으로 공식 통계와 함께 동향도 정리합니다.

1. 대한민국
   - 2023년: 약 1108만 명 외국인 방문 (코로나 이전인 2019년의 1750만 명 대비 63% 수준)
   - 2024년: 월별 100만 명 이상, 연간 1300만 명 목표로 회복 중
   - 주요 방문국: 중국, 일본, 미국, 대만, 베트남 등

2. 일본
   - 2023년: 약 2500만 명 방문, 팬데믹 전(2019년 3188만 명) 대비 80% 수준
   - 2024년: 빠른 회복세, 2024년 1~4월 누적 방문자 수 1100만 명 돌파
   - 주요 방문국: 한국, 대만, 중국, 홍콩, 미국 등
   - 특징: 엔화 가치 하락 영향으로 단기 관광객 급증, 한국인 방문객이 가장 많음

✦ 📩 **정보 범주 세분화하기**
외국인 관광 정보 중 특별히 알고 싶은 범주가 있다면, ChatGPT에게 내용을 전달한 후 더 구체적으로 좁혀보는 게 좋다.

공식적인 **통계**와 **데이터**는 관련 부처 및 기관 등의 홈페이지에 공개되어 있어 누구나 열람할 수 있다. 하지만 데이터와 파일의 양이 방대하기 때문에 필요한 정보를 구분하기 어려운 경우도 있다. 이럴 때는 ChatGPT에게 필요한 정보를 한꺼번에 찾아달라고 요청해보자. '**URL도 알려줘**'라고 지시하면 정보 출처까지 알려준다.

+α 정보를 수집할 때 확장 기능을 사용

ChatGPT(GPT-3.5)는 2023년 10월까지의 정보만 학습하고 있기 때문에(2025년 5월 기준), 출력되는 통계나 정보가 최신이 아닐 수 있다. 실제로 '최신 통계를 알려줘'라고 지시해도 '제 데이터베이스는 2023년 10월까지의 정보를 기반으로 하고 있어 최신 통계나 공식 자료에 대한 직접적인 링크를 제공할 수 없다'라는 답변이 돌아오는 경우도 종종 있다. 이를 보완하기 위해 146쪽에서도 소개한 플러그인 **"WebPilot"**이나 유료 버전의 **"Browse with Bing(21쪽 참조)"**을 이용하면 최신 정보를 얻을 수 있다.

ChatGPT에서 정보 수집을 할 때는 이러한 확장 기능을 적극적으로 활용하면 좋다.

Scene // 마케팅

#아이디어 도출　#조사·분석　#생각의 힌트

활용법
61 상품 이용자의 페르소나를 생각해줘

POINT

① 대상 명확히 적기
② 페르소나 구상 지시
③ 상품 개요 입력

USER
다음 제품의 <u>고객 페르소나를 구상해줘.</u> ①　②

③ 미용 보충제. 이용자의 특징으로는 20대에서 40대 여성들이 특히 많고, 복용 기간이 길수록 효과를 실감하는 사람의 비율이 높은 편입니다. 건강이나 미용을 목적으로 복용하는 경우가 많습니다. 직장 생활을 하는 사람이라면 부담 없이 구입할 수 있는 가격을 염두에 두고 있습니다.

ChatGPT
상품 이용자의 페르소나를 작성하기 위해 다음의 특징과 경향을 고려했습니다.

이름: 정은아
나이: 30대 후반
성별: 여성
직업: 풀타임으로 일하는 전문직
관심사:
1. 건강과 미용: 자신의 건강과 미용에 대한 관심이 높다. 장기적인 건강 유지와 젊음을 유지하는 것을 중요시하며, 보충제를 섭취함으로써 이러한 목표를 지원하려고 한다.
2. 장기 섭취: 보충제의 효과를 실감하기 위해 장기간 섭취를 지속하고 있다. 단기적인 결과만이 아니라, 시간을 두고 몸에 변화를 일으키는 것을 원하고 있다.

Next Step ≫ 더 좋게 만들기!

USER
건강에 불안을 느끼는 40~50대 한국 남성의 페르소나도 생각해줘.

ChatGPT
이름: 이상훈
나이: 45세
성별: 남성
직업: 샐러리맨
관심사:
1. 건강 유지: 건강 유지에 매우 관심이 있다. 40대에서 50대의 건강 리스크에 대해 걱정하고 있으며, 미래의 건강을 유지하기 위해 적극적으로 노력하고 있다.
2. 대사증후군 예방: 대사증후군(내장지방증후군)의 위험에 신경을 쓰고 있다. 그는 허리 둘레의 지방 축적과 혈당 상승을 예방하기 위한 보충제를 찾고 있다.

다른 페르소나 만들기

타깃층에서 벗어난 인물이나 너무 비현실적인 인물이 만들어질 수도 있다. '이용자로 예상되는 전형적인 사람'을 전제해서 보다 정확한 페르소나를 설정해보자.

페르소나는 상품이나 서비스의 '**전형적인 고객상**'을 뜻하는 용어로, 마케팅 전략을 세울 때 빼놓을 수 없는 개념이다. 타깃층이라고 하면 흔히 '20대 남성'과 같이 큰 틀에서 정의하기 쉽지만, **페르소나는 '서울시 종로구 거주, 헤드헌팅 회사 정보 관리 부서에서 근무하는 32세 미혼 남성'과 같이 세세한 부분까지 설정한다.**

ChatGPT에 상품 상세 정보나 고객 니즈를 지정하면 마치 실존하는 인물처럼 세부적인 인물상을 만들어준다.

+α 페르소나를 설정하고 마케팅에 활용

'**페르소나**'는 스위스 심리학자 융이 주창한 용어다. '가면'을 뜻하는 단어에서 유래한 것으로, 인간의 '외적 측면'이나 '내면에 숨어 있는 자아'를 의미한다. 이 개념이 변주되어 다양한 분야에서도 페르소나가 사용되기 시작했다.

마케팅에서는 자사의 상품이나 서비스를 이용하는 가상의 인물상을 구체적인 이미지로 형상화한 것을 뜻한다. 페르소나를 설정해서 '실제로 있을 법한 개인'을 만들고, 고객의 행동 패턴 등을 설정하고, 이를 통해 고객의 니즈를 분석하는 방법은 마케팅에서 중요하게 여겨지는 개념이다. 마케팅 분야에서는 '타깃'이라는 단어도 자주 쓰이는데, 상품-서비스의 고객상을 설정한다는 점에서는 동일하다. 하지만 페르소나가 **좀 더 구체적으로 고객상을 설정한 개념이라 할 수 있다.**

페르소나를 설정하면 구성원들끼리 특정한 고객상을 공유할 수 있다. 따라서 인식의 차이가 생기지 않으므로 토론이 활성화될 뿐만 아니라, 고객에 맞는 상품과 서비스를 개발하기가 쉬워진다. 설정한 페르소나의 니즈를 파악하고 이를 충족시킬 수 있는 상품과 서비스를 설계함으로써 완성도와 고객 만족도를 높일 수 있을 것이다.

Scene// 마케팅   #생각의 힌트   #조사·분석   #시뮬레이션

활용법 62 상품 시장 규모를 알려줘

POINT

① 규모를 알고 싶은 시장 지정
② 페르미 추정으로 알려달라고 지시
③ 참고할 정보 입력

USER
한국에서 오디오 기기의 시장 규모①에 대해, 다음의 정보를 참고해 페르미 추정으로 알려줘.②

③
- 국민 총인구: 약 5100만 명 명
- 세대 수: 약 2400만 세대
- 노동력 인구: 약 4500만 명(2025년 5월 기준)

ChatGPT
네, 주어진 정보를 바탕으로 한국의 오디오 기기(스피커, 이어폰, 헤드폰, 사운드바 등) 시장의 대략적인 페르미 추정을 해드릴게요.

1. 페르미 추정 단계
    - 1단계. 잠재 고객층 가정
        - 총인구: 5100만 명
        - 노동력 인구: 4500만 명 (14세 이하 제외, 활동적 소비자층 중심)
        - 세대 수: 2400만 세대
          오디오 기기는 거의 모든 가정에 한두 개 이상 있고, 스마트폰·PC·TV 등과 결합되는 형태로도 많이 팔립니다.
    - 2단계. 보유율 및 구매 주기 가정
        - 가정용(스피커, 사운드바): 세대당 1.2대 보유

- 개인용(이어폰, 헤드폰): 노동력 인구 중 70%가 1인 1개 이상 보유(스마트폰 보급률과 유사)
- 구매 주기
  가정용 오디오 기기: 약 5년(내구재)
  개인용 오디오 기기: 약 2~3년(소모품 성격)

• 3단계. 연간 시장 수요(판매량) 추정
  - 가정용 오디오 기기(스피커, 사운드바 등)
    2400만 세대 × 1.2대 = 약 2880만 대 보유
    구매 주기 5년 → 연간 2880만 ÷ 5 = 약 576만 대 판매
  - 개인용 오디오 기기(이어폰, 헤드폰 등)
    4500만 명 × 70% = 3150만 명 보유
    구매 주기 2.5년(평균) → 연간 3150만 ÷ 2.5 = 약 1260만 대 판매

• 4단계. 평균 가격 가정
  - 가정용(스피커/사운드바): 1020만 원 (보급형 중고가 평균)
  - 개인용(이어폰/헤드폰): 3~10만 원 (유선, 무선 포함 평균)

(이하 생략)

시장 규모는 **페르미 추정**을 통해 대략적인 수치를 계산할 수 있다. 하지만 ChatGPT(GPT-3.5)는 2023년 10월까지의 정보만 가지고 있기 때문에, 추정에 필요한 최신 정보는 적절히 조정할 필요가 있다.

시장과 페르미 추정에 사용할 수치나 추정할 타깃 인구를 프롬프트에서 지정하자. 계산 방식과 가정한 수치, 추정 결과를 함께 출력해준다.

+α 최신 수치를 제공하여 페르미 추정

사업 계획을 세울 때, 정보가 부족한 상황에서 판매 계획 등을 세워야 하는 경우가 있다. 예를 들어, 방치된 자전거를 효율적으로 활용하기 위한 계획을 세울 때, 국내에 얼마나 많은 자전거가 방치되어 있는지 대략적인 수치를 알아야 하는데, 실제로 자전거가 얼마나 되는지 세는 것은 사실상 불가능하다. 그러나 그 수를 전혀 모르는 상태에서는 사업 계획을 세울 수 없다.

이럴 때 사용되는 것이 **페르미 추정법**이다. **페르미 추정이란 실제로 조사하기 어려운 양을 그 양과 관련된 수치 등을 단서로 삼아 논리적으로 추론해 대략적으로 추정하는 방법이다.** 위의 방치 자전거를 예로 들면, 방치 자전거가 많은 역의 수를 세어보거나, 행정기관이 공개하는 방치 자전거 철거 대수 등을 조사하는 등 정보를 수집하고, 이를 통해 전국에 얼마나 많은 자전거가 방치되어 있는지 추정하는 셈이다.

이번 예시에서는 한국의 인구를 참고하여 다른 부분을 가정해서 추정했지만, 구체적인 정보가 많을수록 더 정확한 추정 결과를 얻을 수 있다. 단 GPT-3.5는 2023년 10월까지의 정보만 가지고 있기 때문에, 자체적으로 최신 정보를 찾아 제공하면 더 정확하게 계산할 수 있다.

Scene // 마케팅   #생각의 힌트   #조사·분석

활용법
63 상품에 대한 고객 니즈를 알려줘

POINT

① 상품 지정
② 고객 니즈 설명 지시
③ 우려 사항 명확히 적기

USER
게이밍 컴퓨터만큼 스펙이 높지 않은 가정용 데스크톱 컴퓨터의 고객 니즈를 알고 싶어. 지금은 노트북을 구매하는 게 대세 아니야?

ChatGPT
가정용 데스크톱 컴퓨터의 고객 니즈는, 게이밍 컴퓨터와는 달리, 고성능 스펙이 주요 요구 사항이 아닙니다. 다음은 일반적인 가정용 데스크톱 컴퓨터의 고객 니즈의 평균적인 측면입니다:

1. 일반적인 컴퓨팅 작업: 대부분의 가정용 데스크톱 컴퓨터는 웹 브라우징, 이메일, 문서 작성, 스프레드시트 편집, 동영상 스트리밍, 소셜 미디어 이용 등 일반적인 작업에 사용됩니다. 고객은 이러한 작업을 편안하게 실행할 수 있는 성능을 원하지만, 게이밍 컴퓨터처럼 고기능은 필요하지 않습니다.
2. 신뢰성 및 내구성: 일반적인 가정용 컴퓨터 사용자는 신뢰성과 내구성을 중요하게 생각합니다. 따라서, 컴퓨터가 오랜 시간 동안 정상적으로 작동하며 고장이나 문제가 적게 발생하는 것을 요구합니다.

고객 니즈를 파악하기 위해서는 설문 조사를 실시하거나 구매 데이터를 분석하는 등의 작업이 필수적이다. 하지만 시간이나 예산이 부족하다면 ChatGPT에게 '**고객 니즈를 알려줘**'라고 지시해보자. 물론 실제 조사나 분석 결과가 아니기 때문에 그대로 믿을 수는 없지만, **예상되는 니즈를 파악하면 마케팅에 도움이 될 수 있다.**

Next Step » 더 좋게 만들기!

✦ ✉ **타깃층을 알려줘**
알려준 고객 니즈를 바탕으로 타깃층이나 고객 페르소나를 만들어달라고 할 수도 있다.

USER
고객 니즈와 타깃층을 정리해줘.

ChatGPT
가정용 데스크톱 컴퓨터의 고객 니즈와 타깃층을 정리하면 다음과 같습니다:

고객 니즈:
1. 일상적인 작업 실행(웹 브라우징, 이메일, 문서 처리 등)
2. 멀티미디어 엔터테인먼트 사용(사진·비디오 편집, 음악 재생, 스트리밍)
3. 사무 작업(비디오 회의, 문서 작성, 데이터베이스 관리 등)
4. 가족과 공유 가능(보안과 개인 정보 보호 중요)

타깃층:
1. 가정에서 일상적인 작업과 엔터테인먼트를 원하는 일반 사용자
2. 멀티미디어 관련 작업이나 취미를 추구하는 사람들
3. 재택 근무나 원격 근무를 하는 비즈니스 전문가
4. 가족이나 여러 사용자가 공유하는 컴퓨터를 찾는 사람들

고객 니즈 프롬프트 변형 예시

 니즈를 표와 목록으로 정리해줘.

 니즈를 바탕으로 설문 항목을 작성해줘.

+α 다각적인 마케팅 전략을 세우기

흔히 말하는 '**고객 니즈**'라고 해도 여러 접근법이 있다. 다양한 관점에서 ChatGPT에게 고객의 니즈를 물어보고 다각적인 마케팅 전략을 활용하자.

마케팅 전략 중 하나로 **시장 조사**가 필요하다. **시장과 업계가 어떤 성장을 이루었는지, 앞으로 어떤 발전을 할 것인지 예측**하도록 해보자. 이와 관련해 **경쟁사 및 경쟁사의 상품과 서비스에 대한 정보**도 함께 알아보자. 고객 니즈를 분석해 자사 경쟁력을 높일 수 있는 힌트를 얻을 수 있다.

또한 146쪽에서 소개한 플러그인 "**WebPilot**"이나 유료 버전의 웹 브라우징 기능(2023년 9월 기준)을 이용하면 최신 트렌드와 신기술 정보를 얻을 수 있다. 시장과 고객 니즈의 변화에 유연하게 대응할 수 있는 전략을 세울 수 있을 것이다.

Scene // 결산서　　　#조사·분석　#평가·비평

활용법 64

회사의 재무가 안정적인지 분석해줘

POINT
① 회사 개요 명확히 적기
② 재무 안정성 분석 지시
③ 재무 정보 항목별 입력

USER
다음은 <u>온라인 쇼핑몰 사업을 운영하는 회사의 정보야</u>①. <u>재무가 안정적인지 분석해줘.</u>②

③
- 현금 흐름을 중요시하는 회사
- 매출액이 전년 동기 대비 5% 증가
- 3년 연속으로 매출 증가율이 5%를 초과
- 이익률은 1.7%, 영업 이익률은 2.3%

ChatGPT
주어진 정보를 바탕으로 온라인 쇼핑몰 사업을 운영하는 회사의 재무 안정성을 분석합니다. 다음은 각 포인트에 대한 고려 사항입니다:

1. 현금 흐름을 중요시하는 회사: 현금 흐름을 중시하는 것은 재무 안정성에 매우 중요합니다. 이는 회사가 수익을 적절하게 관리하고, 적절한 현금 흐름을 유지하고 있음을 나타냅니다. 다만, 구체적인 현금 흐름 수치가 제공되지 않았기 때문에 상세한 분석은 어렵습니다.
2. 매출액이 전년 동기 대비 5% 증가: 매출 증가 자체는 일반적으로 긍정적인 신호입니다. 전년 동기 대비 5%의 증가는 사업이 성장하고 있다는 것을 나타냅니다. 증가한 매출이 지속 가능한지 여부는 다른 요인도 고려해야 합니다.
3. 3년 연속으로 매출 증가율이 5%를 초과: 3년 연속으로 매출이 5% 이상의 증가율을 유지하는 것은 지속 가능한 성장을 나타냅니다. 그러나 다른 요소들(예: 비용 관리, 시장 경쟁)도 고려해야 합니다.

4. 이익률은 1.7%, 영업 이익률은 2.3%: 이익률과 영업 이익률은 낮은 편으로 보입니다. 일반적으로 높은 이익률이나 영업 이익률은 재무 안정성을 나타내는 요소입니다. 그러나 이 숫자들이 낮을 경우, 수익과 비용의 균형에 문제가 있을 수 있습니다. 이익률을 향상시키기 위해 비용 관리나 가격 전략의 재검토가 필요할 수도 있습니다.

종합적으로, 매출 성장률은 긍정적인 신호지만, 이익률과 영업 이익률이 낮은 점을 고려할 때, 재무의 안정성에는 개선 여지가 있을 수 있습니다. 지속 가능한 성장을 이루고 동시에 수익성을 향상시키기 위해 비용 효율화나 수익 다각화 등의 전략을 검토하는 것이 중요합니다. 또한, 구체적인 재무 데이터와 현금 흐름의 상세한 분석이 재무 건전성을 확인하는 데 도움이 될 것입니다.

회사의 매출 추이를 확인하고 향후 전망을 검토하는 데 있어 **결산서** 확인은 필수다. 사업가라면 결산서를 읽는 법과 그 핵심을 알고 싶지만, 쉽지 않은 게 사실이다. 또한, 경쟁사의 결산서까지 살펴보는 데는 상당한 시간이 걸린다. 이럴 땐 **ChatGPT에게 결산서 분석을 요청해보자**. 매출, 이익 등 간단한 정보를 입력한 후 '**재무 분석을 해줘**'라고 지시하면 된다. 현재의 문제점과 함께 분석 포인트를 알려줄 것이다.

재무 분석 프롬프트 변형 예시

 이 회사의 지난 5년간의 성장률을 분석해줘.

 재무 분석에서 중요한 지표와 그 개요를 알려줘.

+α 결산서 읽는 법을 알려달라고 하기

재무 분석을 하기 위해서는 결산서 숫자를 읽어야 한다. 하지만 문서에 적힌 정보와 숫자가 너무 많아서 읽는 방법을 익히는 데는 상당한 시간이 필요하다. 그렇기에 우선 ChatGPT에게 결산서 읽는 요령을 물어보자. **기본적인 경영 지표와 그 개요 등을 알려줄 것이다.** 경영 지표란 경영 상황을 숫자로 표현한 것이다. 이 숫자를 통해 회사가 어떤 재무 상태에 있는지, 즉 흑자인지 적자인지 알 수 있다.

나아가 유료 버전인 "**Advanced Data Analysis (21쪽 참조)**"라는 기능을 이용하면 파일을 업로드할 수 있다. 이전에 출력된 지표를 Excel이나 스프레드시트로 ChatGPT에 불러와 분석을 요청할 수도 있다. 재무 분석 1년치 데이터만으로는 경영 상황을 판단하기 어려울 수 있다. 따라서 몇 년치 데이터가 있으면 보다 정확한 분석을 받을 수 있다.

Scene // 결산서　　　　　　　　　　　　　　　　　　　　#조사 · 분석　　#평가 · 비평

활용법
65　결산서 정보로 실적을 평가해줘

POINT
① 정보 개요 명확히 적기
② 실적 평가 지시
③ 결산 요약 정보 입력

USER
다음은 <u>주식회사 그루메델라이트의 결산 발표를 간단히 요약한 내용</u>①이야. 이 정보를 바탕으로 <u>실적 평가를 부탁해</u>②.

> ③ 2024년도 4분기(2024년 4월 1일~2024년 6월 30일)
> 【업적 개요】
> 2024년도 4분기 동안, 주식회사 그루메델라이트는 외식업계에서 꾸준한 성장을 이루었습니다. 새로운 메뉴 도입과 효과적인 마케팅 전략 전개로 매출과 이익의 증가를 실현했습니다.
> 【연결 실적】
> • 매출액: 전년 동기 대비 15% 증가한 210억 원
> • 영업 이익: 3억 8000만 원
> • 경영 이익: 3억 4000만 원
> • 1주당 분기 순이익: 36원

ChatGPT
주식회사 그루메델라이트의 2024년도 제4분기 실적을 평가합니다.

주식회사 그루메델라이트는 2024년 4분기 동안 외식업계에서 꾸준한 성장을 이어갔습니다. 특히 새로운 메뉴 도입과 효과적인 마케팅 전략 전개를 통해 매출과 이익이 동시에 증가하는 성과를 거두었습니다.

2024년 4분기 연결 기준 매출액은 전년 동기 대비 15% 증가한 210억 원을 기록했습니다.
영업 이익은 3억 8000만 원, 경상 이익은 3억 4000만 원이며, 1주당 분기 순이익은 36원으로 집계되었습니다.

이번 분기는 외형 성장과 수익성 안정이라는 두 가지 목표를 모두 달성한 것으로 평가됩니다. 특히 매출 증가폭이 두드러지지만, 이익률 측면에서는 추가적인 개선의 여지가 있습니다. 영업 이익률은 약 1.8% 수준으로, 업계 평균에 비해 무난하지만 매출 성장에 비해 이익 성장폭이 다소 제한적입니다. 이에 따라 향후에는 비용 효율화와 고정비 관리, 그리고 메뉴 혁신과 같은 전략적 노력이 더욱 중요할 것으로 예상됩니다. 전반적으로 외형과 내실을 모두 챙긴 실적이지만, 이익률 개선을 통한 추가적인 성과 창출이 앞으로의 과제가 될 것입니다.

결산 요약 보고서를 프롬프트에 입력하고 '**실적을 평가해줘**'라고 지시하면 ChatGPT가 평가해준다. 결산 요약 보고서는 회사의 결산 내용의 요점을 정리한 자료로, 말하자면 결산 요약 보고서라 할 수 있다. 회사의 상황을 문장으로 정리한 경우도 있기 때문에, 이러한 내용을 알 수 있는 정보도 함께 입력하도록 하자.

> 실적 평가 프롬프트 변형 예시

 과거 10년간의 매출과 당기 순이익 성장률을 기준으로 실적을 평가해줘.

+α 결산 요약 보고서를 통해 향후 예측과 분석

결산 요약 보고서란 상장 기업이 발표하는 기업의 결산 정보를 정리한 자료를 말한다. 결산 내용은 '유가증권 보고서'로도 확인할 수 있지만, 투자자에게 신속히 정보를 전달하기 위해 증권회사가 상장 기업에 공시를 요구한다. 요약 보고서에는 1년치 결산 내용을 정리한 '결산 요약 보고서'와, 분기(3개월)별 결산 내용을 정리한 '분기 결산 요약 보고서'가 있다.

이 보고서의 맨 앞에는 '요약 정보'라 불리는 페이지가 있다. 재무 상태나 실적, 실적 전망 등의 문서와 재무제표 같은 부속 정보가 첨부되어 있다. 요약 정보에는 매출액, 이익, 순이익 등의 경영 실적과 재무 상태, 현금 흐름 상황, 배당 상황, 다음 분기의 실적 예측이 기재되어 있어, 기업의 재무 상태를 한눈에 파악할 수 있다. ==특히 중요한 것은 경영 실적이다. 전기와의 이익·매출 비교, 다음 분기의 매출과 이익 예측이 적혀 있어, 기업의 성장 정도를 확인할 수 있다.==

Scene// 법무

#요약   #시간절약

활용법

법률 문서를 요약해서 쟁점을 알려줘

POINT

① 법률 문서 요약 지시
② 쟁점 파악 지시
③ 입사 서약서 내용 입력

USER

다음의 <u>입사 서약서를 요약</u>①하고, <u>쟁점을 알려줘</u>②.

③
1. 근로 규칙 및 기타 규정을 준수합니다.
2. 근무 시간 중에는 직무에 전념합니다.
3. 업무 명령에 따릅니다.
4. 전근, 배치 전환, 출장은 회사의 명령에 따릅니다.
5. 회사에서 알게 된 기밀 정보를 재직 중 및 퇴직 후를 불문하고 제 3자에게 누설하지 않습니다.
6. 재직 중에는 회사의 허가 없이 외부에서 경쟁 관계가 될 가능성이 있는 사업에 종사하지 않습니다.
7. 품위를 유지하는 행동을 취하고 회사의 신뢰를 훼손하지 않도록 노력합니다.
8. 회사에 제출한 이력서나 서류의 기재, 면접에서의 답변은 진실과 다름이 없습니다.
9. 폭력단 등 반사회적 세력과 과거에 일체의 관계가 없으며, 앞으로도 관계를 맺지 않습니다.
10. 고의 또는 중대한 과실로 회사에 손해를 끼친 경우, 배상 책임을 집니다.

GPT

요약:

이 서약 문서는 고용 계약에서 중요한 조건으로 직원에게 부과되는 규칙과 행동 규범을 명시하고 있습니다. 다음은 그 요약입니다.

1. 규칙 준수: 직원은 근로 규칙 및 기타 규정을 준수해야 합니다.
2. 근무 시간 전념: 근무 시간 중에는 직무에 전념하고 업무에 종사해야 합니다.
3. 업무 명령 복종: 회사 내 업무 명령에 따릅니다.
4. 인사 이동 복종: 전근, 배치 전환, 출국은 회사의 명령에 따릅니다.
5. 기밀 정보 유지: 직원은 회사에서 알게 된 기밀 정보를 제 3자에게 유출하지 않습니다.
6. 경쟁 금지: 회사 외부에서 경쟁 관계가 될 가능성이 있는 사업에 허가 없이 종사하지 않도록 합니다.
7. 품위 유지: 직원은 품위를 유지하고 회사의 신뢰를 훼손하지 않도록 노력해야 합니다.
8. 진실 제공: 제출한 이력서 및 서류, 면접에서의 답변은 진실이어야 합니다.
9. 반사회적 세력과 무관: 직원은 과거와 현재에 반사회적 세력과의 관계가 없으며, 앞으로도 관계를 맺지 않겠다고 다짐합니다.
10. 손해 배상 책임: 고의 또는 중대한 과실로 인해 회사에 손해를 끼친 경우, 배상 책임을 집니다.

쟁점:

이 서약 문서는 고용 계약의 조건을 명확히 하고, 직원이 회사의 규칙과 행동 규범을 따르겠다고 확약하는 중요한 도구입니다. 다음은 논점 중 일부입니다.

1. 준수와 제재: 직원이 이 규칙들을 준수하지 않을 경우 어떤 제재가 부과되는지가 명확해야 합니다. 제재 조치는 공정하고 합법적이어야 합니다.
2. 기밀 정보 및 경쟁 관계: 기밀 정보의 정의와 경쟁 관계에 관한 제한이 얼마나 엄격해야 하는지가 논점입니다. 직원의 권리와 책임을 어떻게 조정할지에 대한 문제가 있습니다.
3. 진실성 및 성실성: 제출된 정보와 답변이 진실임을 보장하기 위해 어떤 검증 방법이 사용되어야 하는지가 논점입니다.
4. 반사회적 세력과의 관계: 직원의 과거와 현재의 반사회적 세력과의 관계를 어떻게 확인하고 관리할 것인지가 논점입니다.
5. 배상 책임: 배상 책임에 관한 조건과 금액은 공정해야 하며, 법적으로 유효해야 합니다.

근로 규칙 등 내정자가 준수해야 할 규칙을 정리한 문서를 **입사 서약서**라고 한다. 법적 효력은 없지만, 공식 문서이기 때문에 표현이 딱딱하고 이해하기 어려울 수 있다. 또한, 문서를 작성하는 입장에서도 어렵게 느껴지는 자료일 수 있다.

따라서 ChatGPT에게 **문서를 요약하고, 쟁점을 알려달라고 하자.** 읽는 사람은 어떤 내용이 적혀 있는지 알 수 있고, 작성자는 전달해야 할 내용이 빠지지 않았는지 확인할 수 있다.

Scene // 법무

#조언 부탁하기   #시간절약

활용법

법률 문서의 위험 요소를 알려줘

 POINT

① 자신의 입장 명확히 적기
② 업무 내용 및 소속 부서 명확히 적기
③ 문서 취급 시 생길 수 있는 위험 요소 질문

 USER
①   ②
입사 1년 차 회사원이고 웹 광고 영업을 담당하고 있어.
③
법률 문서를 다룰 때 주의해야 할 위험 요소를 알려줘.

 ChatGPT

1. 불충분한 이해: 법률 문서나 계약서에는 종종 법률 전문 용어나 복잡한 문구가 포함되어 있습니다. 불충분한 이해나 오해가 발생하면 중요한 조건이나 의무를 놓칠 수 있습니다. 문서를 꼼꼼히 읽고, 전문가와 상담하여 내용을 정확히 이해하는 것이 중요합니다.
2. 부적절한 수정이나 삭제: 법률 문서나 계약서를 수정할 때는 신중을 기해야 합니다. 부적절한 수정이나 삭제는 의도하지 않은 결과나 법률 분쟁을 일으킬 수 있습니다. 수정이나 삭제가 필요할 경우, 법무 부서나 상사에게 상담하고 지시를 받는 것이 좋습니다.
3. 기한이나 의무의 간과: 계약서에는 중요한 기한이나 의무가 명시되어 있을 수 있습니다. 이러한 정보를 놓치면 계약 위반이나 중요한 조건 이행을 잊을 수 있습니다.
4. 법률 요건의 준수: 법률 문서나 계약서는 특정 법률 요건이나 규정을 준수해야 합니다. 예를 들어, 개인정보 보호법이나 경쟁법 등, 산업과 지역에 따라 다양한 법률이 존재합니다. 적용되는 법률 요건을 이해하고, 법규 준수를 노력해야 합니다.

위는 일반적인 주의 사항과 위험 요소의 일부입니다. 구체적인 계약서나 업무 내용에 따라 추가적인 위험 요인이 존재할 수 있습니다. 회사의 법무 부서나 상사와 협력하여 적절한 가이드라인과 절차를 확립하는 것이 중요합니다.

Next Step » 더 좋게 만들기!

✦ 답변 좁히기
첫 번째 출력에서 많은 항목이 제시되었다면, 특히 중요한 것을 물어보고 답변을 좁혀보자.

USER
입사 1년 차로서 특히 주의해야 할 점과 해야 할 일을 알고 싶어.

ChatGPT
법률 문서나 계약서의 불완전한 이해나 오해를 피하기 위해, 다음의 점들에 특히 주의하고 지금부터 해야 할 일을 아는 것이 중요합니다.
1. 문서를 상세히 읽기: 법률 문서나 계약서를 받았다면 충분한 시간을 들여 문서를 상세히 읽는 것이 중요합니다. 문서의 전체적인 내용을 파악하고, 각 조항이나 조건을 주의 깊게 확인해야 합니다. 필요 시 법률 전문 용어나 문구의 의미를 조사하는 것도 추천합니다.
2. 전문가에게 상담하기: 법률 문서나 계약서를 완전히 이해할 수 없다면, 전문가에게 상담하는 것이 중요합니다. 회사의 법무 부서나 상사, 혹은 외부 법률 자문가에게 상담하여 불명확한 점이나 의문점을 해결하세요. 전문가의 조언을 받음으로써 불필요한 위험 요소를 피할 수 있습니다.

이러한 주의 사항에 유의하고, 필요한 경우 전문가의 조언을 구함으로써 법률 문서나 계약서와 관련된 위험 요소를 최소화할 수 있습니다. 또한 계약서 취급에 대한 회사의 정책이나 가이드라인을 확인하고 그것을 따르도록 노력하세요.

업무 중에 계약서 같은 **법률 문서**를 다루게 되는 경우가 있을 것이다. 이런 업무에서 주의해야 할 점들도 ChatGPT에게 물어볼 수 있다. 특히 입사 초기이거나 처음으로 법률 문서를 다루는 경우에 활용하면 좋다. 먼저 ChatGPT로 확인한 뒤 상사나 담당자에게 질문하는 과정을 거치면, 확인해야 할 사항을 더 명확히 파악할 수 있을 것이다.

+α 위험 요소를 파악하고 대책을 세운다

법률 문서에는 다양한 위험 요소가 있으며, 모든 내용을 일일이 확인하기 어려운 경우가 있다. 원래대로라면 전문가에게 검토를 맡기는 게 좋지만, 계약서를 자주 작성해야 하는 상황이라면 시간적으로나 금전적으로나 여의치 않을 것이다. 법률 문서의 위험 요소를 파악하기 위해 ChatGPT에게 물어보자.
ChatGPT에게 법률 문서의 위험 요소를 물어보면 **'불이행 위험 요소', '불명확한 기재 위험 요소', '불법성 위험 요소'** 등의 요소를 열거하고 그 내용을 간단히 **설명해준다.** 예를 들어, 불이행 위험 요소에 대해서는 '법률 문서의 조건이나 의무를 위반함으로써 발생하는 위험 요소. 불이행은 법률 소송이나 제재를 초래할 수 있다'라고 설명해준다.

다루는 것이 법률 내용이기 때문에 과신은 금물이지만, 이런 개념이 있다는 것을 염두에 두는 것만으로도 경각심을 갖고 대책을 세우는 데 도움이 될 것이다. 구체적인 법률 문서의 종류를 지정해 위험성이나 주의점 등을 물어보는 것도 좋다.

Scene // 신규 사업　　　#아이디어 도출　#아이디어 회의

활용법

새로운 사업 아이디어를 제안해줘

POINT

① 새로운 사업을 계획하고 있음을 명확히 적기
② 새로운 사업 아이디어 고안 지시
③ 키워드 입력

USER
새로운 사업을 계획하고 있어. ①
새로운 비즈니스 아이디어를 알려줘. ②
③ 키워드: 'IT계', '식품 안전', '앱'

ChatGPT
1. 식자재의 추적 가능성: 생산자에서 유통업체까지, 식자재 공급 체인의 전체를 투명하게 추적할 수 있는 기능. 소비자는 구매한 식자재가 어디에서 생산되었고 어떻게 운반되었는지 추적할 수 있습니다.
2. 식자재의 안전성 정보: 식자재의 생산지나 품질에 관한 정보, 그리고 식자재의 안전성에 관한 경고나 조언을 제공합니다. 예를 들어, 식자재 관련 리콜 정보를 제공하고 소비자에게 경고를 보냅니다.
3. 식자재 품질 평가: 소비자나 전문가의 평가와 리뷰를 포함한, 식자재 품질에 관한 정보. 소비자는 앱 내에서 식자재에 대한 평가나 댓글을 공유할 수 있습니다.
4. 소비자 교육: 식품 안전에 관한 정보나 조언을 제공하여, 소비자의 식자재 선택과 취급 방법에 대한 지식을 향상시킵니다.
5. 매장과의 연계: 식자재를 제공하는 매장이나 음식점과 파트너십을 구축하고, 식자재의 안전성 정보를 공유합니다. 매장은 앱을 통해 자신들의 식자재 안전성을 강조할 수 있습니다.

Next Step » 더 좋게 만들기!

✦ ✉ **아이디어 구체화하기**

사업 계획의 세부 사항을 구체적으로 물어보면 좀 더 현실성 있는 아이디어를 제안해준다.

USER
4번 아이디어를 심층적으로 분석해줘.

ChatGPT
1. 식재료 선택 가이드:
   앱 내에서 다양한 식재료 선택 가이드를 제공하여, 신선한 식재료를 식별하는 방법과 품질 특징에 대해 설명합니다.
2. 식재료 보관 및 조리 방법:
   식재료의 보관 방법과 조리 방법에 대한 조언을 제공합니다. 예를 들어, 채소나 고기의 최적 보관 온도나 냉동 방법 등을 설명합니다.
3. 건강에 관한 정보:
   식재료가 건강에 미치는 영향에 대한 정보를 제공하고, 영양가나 특정 식재료의 효능에 관한 정보를 게시합니다.
4. 푸드 페어링:
   식재료 간의 궁합이나 요리와 와인의 페어링에 관한 정보를 제공합니다. 이를 통해 사용자는 맛있는 식사를 즐기는 방법을 배울 수 있습니다.
5. 계절에 맞는 식재료:
   계절에 맞는 최적의 식재료를 보여주는 달력이나 레시피를 제공하고, 지역 식재료를 활용한 요리에 대한 아이디어를 제공합니다.

새로운 **아이디어**를 아무것도 없는 상태에서 완전히 처음부터 무언가로 만들어내려면 **다양한 조사와 지식이 필요하고, 아무리 많은 시간을 들여도 영감이 떠오르지 않을 때가 있을 것이다.**
그럴 때는 먼저 ChatGPT에게 아이디어를 물어보자.

답변에서 힌트를 얻거나 조합을 통해 새로운 아이디어를 찾을 수 있을지 모른다. 완전히 새롭지는 않지만 기존의 아이디를 다듬고 확장시키는 방법처럼, 이미 가지고 있는 아이디어를 개선하는 방법으로 시간을 단축할 수 있을 것이다.

+α 마음에 드는 아이디어가 나올 때까지 다시 생성

ChatGPT의 장점은 하나의 프롬프트에 대해 답변을 **여러 번 생성**할 수 있다는 점이다. 프롬프트 입력란 오른쪽 상단에 있는 '/Regenerate'를 입력해 답변을 다시 생성할 수 있다.

여러 번 생성해도 아이디어가 잘 떠오르지 않는 경우에는 프롬프트를 살짝 수정한 뒤 새로운 아이디어를 받아보자. 또한 **마음에 드는 아이디어가 있으면 지**정해서 더 깊이 파고들게 할 수 있고, 이를 반복해 아이디어를 다듬을 수 있다.

새로운 아이디어를 만들고 싶을 때 ChatGPT를 브레인스토밍 상대라고 생각하고, 아이디어 회의를 하는 것처럼 대화를 거듭해보자. 더 좋은 아이디어를 만드는 방법이다.

Scene // 신규 사업　　　　　　　　　　　　　　　　#시간절약　#시뮬레이션

활용법 69 새로운 사업을 실현하기까지 사업 계획을 세워줘

POINT

① 새로운 사업 명확히 적기
② 실현까지의 계획 구상 지시

USER
'음식'과 관련된 소비자 교육 앱을 개발해서 새로운 사업을 시작하려고 해. ① 시작하기까지의 현실적인 사업 계획을 세워줘. ②

ChatGPT

1. 아이디어의 상세한 검토 및 조사
   - 시장 조사: 유사한 앱이나 경쟁 제품을 조사하여 시장의 수요와 기회를 파악합니다.
   - 사용자 인터뷰: 잠재적인 사용자 그룹과 대화하여 그들의 요구 사항과 기대를 이해합니다.
   - 비즈니스 모델 수립: 수익 모델(예: 광고, 구독, 수수료 등)을 수립합니다.

2. 앱 개발
   - 앱 설계 및 개발: 개발자 및 디자이너와 협력하여 앱을 설계하고 개발합니다.
   - 데이터 제공원 확보: 식품 공급업체와의 제휴 및 데이터 제공 계약을 체결하여 정보를 수집합니다.

3. 파일럿 프로그램 도입
   - 제한된 지역 또는 식품 공급업체를 대상으로 파일럿 프로그램을 시작합니다.
   - 피드백 수집: 파일럿 프로그램 참가자들로부터 피드백을 수집하여 앱을 조정할 정보를 얻습니다.

4. 시장 전개
   - 파일럿 프로그램의 성공이 확인되면, 앱을 널리 전개합니다.
   - 마케팅 및 광고: 타깃 시장을 대상으로 마케팅 캠페인을 시작하고, 신규 사용자를 확보합니다.

5. 식품 산업과의 협력
    - 식품 산업과의 협력을 강화하여, 식자재 정보 공유 및 안전성 향상에 협력합니다.
6. 서비스 개선 및 확장
    - 사용자 피드백에 기반하여 앱을 지속적으로 개선하고, 새로운 기능을 추가합니다.
    - 새로운 파트너십 확보: 새로운 식품 공급자나 소매업체와의 제휴를 모색하여 서비스 범위를 확장합니다.
7. 지속적인 마케팅 및 성장
    - 앱의 인지도를 높이고, 성장을 지속하기 위한 마케팅 전략을 실행합니다.
8. 법적 및 규제 준수
    - 식품 관련 법률 및 규제를 준수하며, 개인 정보 보호 및 데이터 보호 규제를 준수합니다.
9. 수익성 향상
    - 수익성을 향상시킬 방법을 모색하고, 새로운 수익 모델 도입 가능성을 검토합니다.
10. 지속 가능한 비즈니스 구축
    - 장기적인 성공과 성장을 위해 지속 가능한 비즈니스 전략을 확립합니다.

신규 사업을 시작할 때에는 어떤 단계를 어떤 기간 동안 거칠지에 대한 구체적인 **로드맵**과 **일정** 같은 **사업 계획**이 필요하다. 하지만 백지에서 사업 계획을 구성하는 일은 시간이 많이 걸리므로, 신규 사업 개시까지의 절차를 ChatGPT에게 물어보자. 드한 **추가 프롬프트로 그 과정에서 주의해야 할 점이나 위험 요소 등에 대해서도 물어보면**, 보다 구체적인 계획 수립에 큰 도움이 된다.

사업 계획 수립 프롬프트 활용 예시

 지속 가능한 비즈니스를 확립하기 위한 아이디어나 사례를 몇 가지 알려줘.

 협업할 만한 업계나 기업, 단체 등을 구체적으로 알려줘.

+α 문제점에 주목해 현실적인 계획을 세우기

신규 사업을 시작하려면 뛰어난 아이디어가 필수인 것은 말할 필요도 없지만, 이와 동시에 자금 조달이나 마케팅 전략 등 현실적인 과제도 많다. **아이디어를 현실적인 계획으로 구체화하려면, 이런 과제들에도 주목할 필요가 있다.** 그렇기에 신규 사업안의 과제나 대응책 역시 ChatGPT에게 물어보자.

신규 사업의 과제나 그에 대한 대응책은 시작 전인 만큼 파악하기 어렵고 현실성이 떨어지는 경우도 있다. 사업의 개요를 ChatGPT에게 먼저 전달한 뒤, 과제나 대응 방안을 물어보면 예상치 못한 발견을 할 수도 있다.

Column 4

플러그인 "SEO CORE AI"를 활용한 SEO 대응

"SEO CORE AI"란?

인터넷 시대가 된 현재, 기업의 마케팅이나 홍보에서 SEO(검색 엔진 최적화) 대책은 중요한 요소가 됐다. 자사에서 운영하거나 제작한 웹 기사를 SEO 관점에서 점검하고자 할 때, ChatGPT의 플러그인을 활용해보자.

플러그인 "SEO CORE AI"는 웹페이지와 키워드에 대한 SEO 분석을 수행해주는 도구다. SEO 분석을 하고 싶은 페이지의 URL과 키워드만 지정하면, 분석 결과를 출력해준다.

사이트의 응답 속도나 페이지 로딩 속도 같은 SEO 성능 정보는 물론, 설정된 키워드가 특정 페이지에 몇 번 포함되었는지도 확인할 수 있다. 또한 사이트나 페이지의 SEO 개선 방안도 함께 제시해주는 경우가 많다. '페이지 개선 방안을 알려줘'라고 지시하면, 보다 구체적인 예시를 얻을 수 있다.

더 나아가 2개의 사이트 또는 페이지 URL을 지정하면 비교 분석을 해준다. 예를 들어 'A 페이지와 B 페이지를 비교해 B 페이지의 개선 방안을 알려줘'라고 지시하면, 두 페이지를 비교하면서 개선점을 제시해준다. 경쟁사의 사이트나 웹 기사와 차별화를 꾀하는 데에도 유용하게 활용할 수 있다.

또한 '○○에 대해 SEO 분석을 해줘'라고 지시하면, 시간이나 지역 등에 따라 차이는 있지만 Google 검색 결과 상위 사이트를 보여주는 등 직접적인 분석 결과를 얻을 수도 있다.

빠르고 효율적인 SEO 대책을 원한다면 반드시 활용해 볼 만한 플러그인이다.

Chapter
5

문제 대응 활용법

Scene // 고객 불만 처리　　#대책검토　#시간절약

활용법 70　문제가 생겼을 때 관계자에게 전달할 사항을 알려줘

POINT
① 문제 명확히 설명
② 연락할 대상 분명히 하기
③ 필요한 요소 검토 지시

 USER
납기가 지연되고 있고① 이 사실을 고객에게 전달하고 싶어②.
이때 전달해야 될 내용은 무엇인지 알려줘③.

 ChatGPT
고객에게 연락할 때 전달해야 할 중요한 사항은 다음과 같습니다:

1. **지연 사실의 인식과 사과**: 우선, 납기가 지연되었음을 인식하고 고객에게 사과의 뜻을 전달해야 합니다. 이 단계에서 진심과 책임감이 상대방에게 전달될 수 있도록 하는 것이 중요합니다.
2. **지연 원인의 명확화와 재발 방지**: 납기 지연의 원인을 명확하게 설명해야 합니다. 이를 통해 고객이 지연이 발생한 이유를 이해할 수 있도록 합니다. 예를 들어, 예기치 못한 문제나 공급 부족, 기술적인 문제 등을 설명할 수 있습니다. 이때, 재발 방지 대책을 함께 설명하면 좋습니다.
3. **새로운 납기 제시**: 납기 지연의 영향을 최소화하기 위해 새로운 납기를 제시해야 합니다. 가능한 한 구체적인 날짜나 기간을 제시하여 고객이 일정을 조정할 수 있도록 합니다. 다만, 현실적인 목표를 설정하고, 다시 납기를 지연시키지 않도록 주의해야 합니다.

가능하면 피하고 싶지만, 어떤 일이라도 예상치 못한 **문제**는 늘 따라온다. 문제가 생기면 신속히 대응해야 하지만, 예기치 못한 상황에 당황할 수도 있다. 그럴 때는 ChatGPT에게 물어보자.

중요한 건 문제를 정확히 알고 사과하면서 대응 방법을 명확히 전달하는 것이다. 우선 발생한 문제를 침착하게 파악하고 대응해가자.

Next Step ≫ 더 좋게 만들기!

✨📧 **상대방의 심증 변화도 함께 고려하기**

시간이 지나면서 심리 상태가 달라졌다면, 해당 정보를 프롬프트에 추가하고 상황에 맞는 해결 방안을 ChatGPT에게 물어보자.

USER
상대방이 이메일로만 설명하는 것에 불만을 느껴. 해결책을 알려줘.

AI ChatGPT
고객이 이메일로만 설명하는 것에 불충분함을 느끼고 화가 났다는 상황에서, 다음과 같은 절차를 시도해보는 것이 좋습니다:

1. **직접 대화 제안**: 고객이 이메일로는 설명이 불충분하다고 느끼는 경우, 전화나 비디오 회의 등 보다 직접적인 대화 방법을 제안해보세요. 대면 커뮤니케이션은 감정이나 의도를 더 명확하게 전달할 수 있습니다.
2. **사과와 이해의 표현**: 고객의 화를 이해하고, 사과의 뜻을 다시 한번 전하세요. 납기 지연으로 인해 불편함이나 스트레스를 초래한 것에 대해 성실하게 사과하는 것이 중요합니다.
3. **납기 지연에 대한 자세한 설명**: 고객의 불만을 해소하기 위해 납기 지연에 대한 자세한 설명을 하세요. 어떤 문제가 발생했는지, 왜 설명이 불충분했는지 명확하게 전달하고, 고객이 상황을 이해할 수 있도록 해야 합니다.

화가 난 고객에게는 차분하고 이해심을 가지고 적극적으로 문제 해결에 접근하는 것이 중요합니다. 고객과의 직접 대화나 적절한 대책을 제안함으로써 관계를 회복하고 신뢰를 되찾을 수 있도록 노력하세요.

실수 보고 프롬프트 변형 예시

 상품의 하자 비율이 이전 달보다 늘 것이라는 이야기를 들었어. 누구에게 연락해야 할지 알려줘.

 신규 사업 계획이 타사에 유출된 사실이 확인됐어. 어떻게 대응해야 할지 알려줘.

+α 문제 발생에 대비해 마음의 준비하기

비즈니스에서 **문제**가 발생했을 때 **가장 중요한 것은 신속한 정보 공유다.** 공유가 늦어 대응이 뒷전으로 밀리면 상황은 더 나빠진다. 우선 상사나 동료에게 보고하고, 필요하다면 다른 부서에도 잊지 말고 연락을 취해야 한다. 이러한 문제는 아무리 주의 깊게 행동해도 누구에게나 일어날 수 있다. 문제가 생기면 당황하거나 동요해서 최선의 판단을 내리지 못할 수도 있다는 점을 염두에 두어야 한다.

또한 언제, 어디서, 누가 실수를 해도 즉각 대응할 수 있도록 사전에 과거 문제 사례와 대응 방안을 파악해두거나, 자사 문제 대응 매뉴얼을 숙지하는 등 문제 인식과 대응책을 공유해두는 것이 중요하다.

이 과정에서 **'ChatGPT에게 대응 방안을 물어본다'는 방법을 머릿속에 떠올릴 수 있다면, 위급 상황에서도 침착하게 대처할 수 있을 것**이다. 침착하게 대응할 수 있도록 평소에도 마음에 새겨두자.

Scene // 고객 불만 처리   #대책검토 #시뮬레이션 #글작성

활용법 71

고객 불만 전화 응대를 위한 대본을 작성해줘

POINT

① 고객 불만 내용 명확히 설명
② 대본 작성 지시
③ 대본에 포함할 요소 명확히 적기

 USER
상품에 대한 고객 불만 전화가 왔어. 상품은 불량품이 아니었지만,① 고객이 '재질과 크기가 생각했던 것과 다르다'고 했어.② 전화 응대를 위한 대본을 작성해줘. 사과의 말도 넣어줘.③

 ChatGPT
고객님, 방금 전화로 말씀해주신 점에 대해 진심으로 사과드립니다.
상품의 재질과 크기가 기대와 다르다는 말씀, 정말 죄송합니다.
고객님께서 예상한 것과 다른 결과가 되어 매우 유감스럽고, 고객님의 마음을 생각하면 마음이 무겁습니다.
저희는 상품 정보를 정확히 전달하기 위해 노력하고 있지만, 이번과 같은 상황을 완전히 방지하기 어려웠음을 깊이 깨닫고 있습니다.
고객님께서 겪으신 불편과 불만을 조금이라도 덜어드릴 수 있도록, 상품 교환이나 반품 절차를 신속하게 처리해 드리겠습니다.
또한, 이번 일을 바탕으로 향후 상품 설명의 개선과 서비스 향상을 위한 중요한 참고 자료로 삼겠습니다.

비즈니스에서는 **고객 불만**을 접수하는 일이 종종 발생한다. 상품이나 서비스에 하자가 있으면 정중히 사과한 뒤 새 상품으로 교환하는 식으로 대응하면 되지만, **자사에 과실이 전혀 없는 경우도 있다**. 이런 예외적인 고객 불만에 대한 답변 문구는 ChatGPT에게 물어보자.

특히 **전화로 대응해야 할 때는 사전에 준비를 해두는 것이 안심된다.** 상대방이 감정이 격해져 있을 수도 있으므로, ChatGPT에게 물어본 대응 방안을 초안으로 대본을 준비해 차분하게 대응하자.

고객 불만 대응 프롬프트 변형 예시

 고객 불만 전화에 대응할 때 주의 사항을 리스트업해줘.

 감정이 격해진 사람을 진정시키기 위해 어떻게 말을 걸 수 있을지 예시를 알려줘.

 고객 불만 대응 전화에서 스트레스 받지 않는 요령을 알려줘.

+α 고객 불만에 대한 예상 문답을 준비

고객 불만에 대응하려면, 그 내용과 문제점을 명확히 파악하고 상대가 무엇을 원하는지 정확하게 이해하는 것이 핵심이다. 이메일 등 문서로 대응할 때는 주변의 확인을 받으면서 문장을 작성할 수 있지만, 이번 예시처럼 전화로 대응해야 할 경우 긴장해서 제대로 말이 나오지 않을 수도 있다.

화난 사람을 상대하다 보면 때로는 거친 언사를 듣거나 어려운 질문과 대응을 받기도 한다. 따라서 상대가 물어볼 법한 사항에 대해 미리 **예상 답변**을 준비해 두는 것이 좋다.

언급될 가능성이 높은 고객 불만을 몇 가지 골라, 답변 초안을 ChatGPT에게 작성해달라고 하면 대응이 한결 수월해질 것이다.

또한 ChatGPT에게 고객 역할을 시켜서 고객의 불만이나 질문을 던지게 하는 **역할극**을 해보는 것도 유용하다. 역할을 받은 ChatGPT는 어투까지 흉내내면서 문장을 생성하므로, 상황을 구체적으로 지정해 고객 불만에 대응해보면 매우 현실적인 시뮬레이션이 가능할 것이다.

Scene// 문제 예방   #생각의 힌트   #조언 부탁하기

활용법 72 처음 진행하는 작업의 주의 사항을 알려줘

POINT

① 자신의 입장 명확히 설명
② 업무 내용 명확히 설명
③ 주의 사항 묻기

USER

나는 회사원이야.①

처음으로 상품 개발에 참여하게 됐는데② 주의해야 할 점 세 가지를 알려줘.③

ChatGPT
상품 개발에 처음 참여할 경우, 다음 세 가지 주의점을 고려하는 것이 중요합니다.

1. 시장 조사 및 고객 이해: 상품 개발의 첫 단계는 시장과 고객에 대한 철저한 조사입니다. 경쟁사 정보를 수집하고, 타깃 시장의 니즈나 선호를 이해해야 합니다. 고객의 목소리를 듣고, 그들의 요구를 파악하는 것이 성공의 기반입니다.
2. 프로토타입 제작과 피드백 반복: 제품 설계 단계에서 프로토타입을 만들어 가능한 한 빨리 실제 제품 형태에 가깝게 테스트하는 것이 좋습니다. 프로토타입을 고객이나 동료에게 보여주고 피드백을 수집하여 개선하는 방식이 효과적입니다. 이러한 반복적인 프로세스는 제품의 품질과 시장 적합성을 향상시킵니다.
3. 프로젝트 관리 능력 향상: 제품 개발 프로젝트를 효과적으로 관리하기 위해 프로젝트 관리 능력을 키우는 것이 필수적입니다. 작업 일정 수립, 예산 관리, 자원 배분, 문제 해결 능력을 강화하여 프로젝트가 계획대로 진행될 수 있도록 노력해야 합니다.

이러한 주의 사항들을 염두에 둔다면, 처음 진행하는 상품 개발 프로젝트도 원활하게 추진할 수 있을 것입니다.

Next Step >> 더 좋게 만들기!

✉️ 팀의 체계를 상세히 전달하기
담당 스태프의 구성 등 가능한 한 구체적인 정보를 입력하면 응답의 정확도가 높아진다.

USER
팀을 꾸려 상품 개발을 하게 됐어. 주의해야 할 점을 알려줘.

ChatGPT
개발 팀에서 주의해야 할 사항은 다음과 같습니다.

1. 소통을 중시할 것:
   팀원 간 원활한 커뮤니케이션은 개발 프로세스의 성공에 필수적입니다. 아이디어나 정보의 공유, 진행 상황 보고, 의견 교환 등을 적극적으로 진행합시다. 정기적인 미팅이나 팀 내 커뮤니케이션 도구의 활용 등, 효과적인 소통 수단을 마련하는 것이 중요합니다.
2. 역할과 책임의 명확화:
   팀 내 각 구성원에게 명확한 역할과 책임을 부여하는 것이 중요합니다. 각자의 전문 지식과 스킬을 최대한 활용하여 업무를 분담하고 프로젝트 진행 상황을 관리합시다. 명확한 역할 분담을 통해 작업 중복이나 누락을 방지할 수 있습니다.

이러한 주의 사항을 지키면 개발 팀은 더욱 효과적이고 효율적으로 업무를 추진할 수 있습니다. 또한 협력과 신뢰 관계를 구축함으로써 팀의 결속력이 높아지고 더 나은 성과를 낼 수 있을 것입니다.

이직이나 인사 이동, 새로운 프로젝트의 출범 등 평소 익숙한 업무와 다른 일을 하게 되면 실수하기 쉽다. 그럴 때에는 ChatGPT에게 **처음 하는 작업**에서 주의할 점을 물어보자.

프롬프트에 자신의 직업이나 담당 업무를 입력하고, 예상되는 주의 사항을 짚어달라고 요청하면 된다. **주의 사항을 미리 팀 내에서 공유하면 사람들의 실수를 조금이라도 줄이는 데 도움이 될 것이다.**

+α 해결책을 상담해보기

처음 해보는 작업이라면, 누구든 긴장하기 마련이다. 막연히 머릿속에 그려는 봤어도 실제로 해보면 '생각했던 것과 다르다'하는 상황이 생길 수 있다. 그럴 때는 ChatGPT에게 해결책을 상담해보자.

실제로 물어보면 '상황 확인, 문제 파악, 계획 재검토, 지원 요청, 유연한 대응, 경험 활용, 건설적인 접근' 등의 해결책을 제안해준다. 글로 출력하면 해결책이 구체적으로 보이기 때문에, 어떤 방향으로 해결하면 좋을지 쉽게 파악할 수 있다.

Scene// **문제 예방** #아이디어 도출 #시간절약

활용법 73 작업 매뉴얼을 작성해줘

POINT

① 자신의 입장 명확히 설명
② 매뉴얼에 담을 내용 명확히 지정
③ 매뉴얼 작성 지시

USER
인사부에서 근무하고 있어. ① '인재 채용'② 에 관한 매뉴얼을 작성해줘.③

ChatGPT
다음은 인재 채용 매뉴얼의 보다 구체적인 내용을 번역한 것입니다:

1. 인트로덕션(소개)
   이 섹션에서는 인재 채용 매뉴얼의 목적, 대상 독자, 그리고 전체적인 개요에 대해 설명합니다.
2. 목적과 방침
   인재 채용의 목적과 방침에 대해 설명하며, 기업의 채용 정책을 명확히 합니다. 여기에는 다양성과 포용성의 증진, 채용 프로세스의 효율화, 우수 인재 확보 등이 포함됩니다.
3. 채용 공고 작성 및 게시
   채용 공고를 작성하는 구체적인 단계와, 효과적인 채용 공고를 만들기 위한 팁을 제공합니다. 또한, 채용 공고를 어떤 플랫폼에 게시할 것인지에 대해서도 설명합니다.
4. 지원자 선별(스크리닝)
   이력서 심사, 자기소개서 평가, 기술 및 경력의 적합성 확인 등, 지원자를 선별하는 과정을 자세히 설명합니다.
5. 면접 프로세스
   면접의 종류(예: 1차 면접, 2차 면접), 질문 선정, 면접관을 위한 지침 등 면접 과정에 대한 구체적인 가이드를 제공합니다.

6. 평가 기준 및 선발
   지원자를 평가하기 위한 기준과 평가 척도를 설정하고, 선발을 위한 과정을 설명합니다. 평가 시에는 기술, 기업 문화와의 적합성, 경력 등의 요소를 고려합니다.
7. 추천인 확인 및 배경 조사
   최종 후보자를 선발한 후, 신뢰성을 확보하기 위해 추천인 확인 및 배경 조사 절차를 상세히 설명합니다.
8. 채용 제안 및 오퍼 레터 작성
   지원자에게 채용을 제안하고 오퍼 레터를 작성하는 절차를 제시하며, 보상 조건이나 계약 내용을 명확히 전달합니다.
9. 신입 사원 수용 및 오리엔테이션
   신입 사원의 입사 수용 절차와 오리엔테이션 프로그램의 일정 및 내용을 설명합니다.
10. 피드백 및 개선
    채용 프로세스에 대한 피드백을 수집하고, 채용 효과를 평가하여 개선하는 방법을 설명합니다.
11. 리소스 및 참고 자료
    인사 담당자가 활용할 수 있는 자료, 템플릿, 법적 규정, 채용 플랫폼 등의 정보원을 제공합니다.

비즈니스에서 한 사람에게만 업무를 의존하는 일은 피하고 싶은 상황이다. 이를 방지하는 대표적인 방법이 **매뉴얼 작성**이다. **매뉴얼에 따라 작업하면 담당자가 바뀌더라도 업무 인수인계가 원활해지고, 지연을 피할 수 있다.** 하지만 자신의 업무를 처음부터 말로 정리하는 것은 쉽지 않다. 그럴 때는 ChatGPT로 초안을 작성해 수정해가면, 매끄럽게 매뉴얼을 만들 수 있을 것이다.

+α 매뉴얼을 필요할 때마다 업데이트

작업 매뉴얼은 기업이 매끄럽게 업무를 하는 데 반드시 필요한 문서다. **매뉴얼이 있으면 사내에서 업무 흐름을 공유할 수 있어, 특정인에게 의존되는 일을 줄이고 누구든지 빠뜨림 없이 일관되게 업무를 진행할 수 있다.**

하지만 업무 매뉴얼은 한번 완성했다고 끝나는 것이 아니다. 업무 내용은 날마다 변하고, 구체적인 작업도 변해간다. 또한 사용하는 앱이나 시스템 같은 도구들도 계속 업데이트되기 때문에, 내용을 정기적으로 점검하고 꾸준히 갱신해야 한다.

Scene // 문제 예방   #아이디어 도출   #대책검토

활용법 74 고객 서비스 문제를 해결해줘

POINT

① 자신의 입장 명확히 설명
② 문제 구체적으로 설명
③ 해결책 제안 지시

USER

고객 센터에서 근무하고 있어.

문의가 너무 많아 대응이 제때 이루어지지 못하고 있어. 우리 회사는 고객의 니즈에 부응하고 싶기 때문에, 문의하는 창구를 줄이고 싶지는 않아. 이 문제를 해결해줘.

ChatGPT

고객 센터가 많은 문의에 대응하는 과제는 많은 기업이 직면하는 문제입니다.
고객의 니즈에 응답하면서도, 제때 대응할 수 있도록 개선하기 위한 몇 가지 방법을 소개합니다.

1. 팀 확충: 더 많은 직원을 채용하여 문의에 대응할 수 있는 인원을 늘리는 방법이 있습니다. 신속한 대응이 가능해지므로 고객 만족도가 높아질 것입니다.
2. 업무 흐름 개선: 고객 센터의 업무 흐름을 재검토하고 효율화함으로써, 직원들이 보다 효과적으로 문의에 대응할 수 있게 됩니다.

우선순위 설정 방법이나 문제의 상위 이관 절차를 검토하면 좋습니다.
이러한 방법을 조합하면, 더 효율적이고 고객 만족도가 높은 고객 지원 체계를 구축할 수 있을 것입니다.

Next Step » 더 좋게 만들기!

USER
자원을 늘릴 수는 없어. 이 점을 고려해 해결 방법을 알려줘.

ChatGPT
자원을 늘릴 수 없는 상황에서 효율적인 해결책을 찾는 것이 중요합니다. 다음은 직원이나 대응 시간을 늘리지 않고 문제를 해결하기 위한 접근 방법입니다:

1. 세분화 및 우선순위 설정: 문의 내용에 따라 긴급성이나 중요도에 따라 우선순위를 매김으로써 대응에 드는 시간을 최적화할 수 있습니다. 더 중요한 문의에 집중하고 중요도가 낮은 것은 나중에 처리함으로써 자원을 효과적으로 활용할 수 있습니다.
2. 자기 지원 강화: FAQ, 온라인 헬프 데스크, 챗봇 등의 자기 지원 옵션을 강화하여 고객이 스스로 문제를 해결할 수 있도록 유도합니다. 이를 통해 중요한 문의에 대한 직원의 부담을 줄일 수 있습니다.

✉️ 조건을 추가하기

해결을 위해 '이것만은 양보할 수 없다', '이것은 대응할 수 없다' 같은 조건도 함께 추가해 물어보자. 보다 현실적인 해결책을 얻기 쉬워진다.

소비자가 상품을 구매하거나 서비스를 이용하기 전이나 후에, 이를 지원하고자 **고객 서비스**를 운영하는 기업도 많다. 하지만 응답까지 시간이 오래 걸리거나, 커뮤니케이션 부족으로 부적절한 대응이 이루어지는 등 여러 과제가 있다.

또한, 정중하게 응대하기 위해서는 상대가 원하는 것을 정확히 파악하고 확인하는 작업도 필요하다.

그 결과, 응대 시간이 길어지고 더 오래 대기해야 하는 경우가 생긴다.

이럴 때는 ChatGPT에게 대응책을 물어보자. '창구 수는 줄이고 싶지 않아' 같은 조건도 함께 포함해 프롬프트를 작성하면, 그 조건에 맞는 대응책을 제안해준다.

+α 원인과 해결책을 함께 생각

과제를 찾아 개선하고 상품이나 서비스를 더 좋은 형태로 제공하면 고객 만족도가 높아진다. 즉, 고객 만족도와 실적을 높이기 위해서는 **과제를 발견하고 해결**하는 일이 필수다.

업무상의 과제에 대응하려면, 해결책뿐만 아니라 그 원인도 함께 파악하는 것이 필요하다. 예를 들어, 새로운 담당자의 경우 업무 매뉴얼을 읽었다 하더라도 예외가 반영되지 않은 방법만 적혀 있다면 실수를 할 수도 있다. 그 이유는 '이 지점에서 실수하기 쉽다', '과거에 문제가 되었다'는 부분을 인지할 수 없기 때문이다.

누구라도 문제를 일으키지 않도록 하거나, 문제를 해결할 수 있도록 하기 위해서도 과제에 대한 원인과 해결책을 함께 공유해야 한다.

또한 추가로 프롬프트에 '**고객을 좀 더 효율적으로 대응하는 방법을 알려줘**', '**매출은 오르고 있는데 이익은 그대로인 상황을 개선할 방법을 알려줘**'와 같은 문장을 입력해보자. 더 많은 해결의 실마리를 얻을 수 있을지도 모른다.

Scene// 서비스 향상   #아이디어 도출 #조사·분석

활용법
75 업무 운영에서 개선할 점을 알려줘

P
POINT

① 자신의 입장 명확히 설명
② 운영 개선안 제안 지시
③ 작업 내용 입력

USER
영업부에서 일하고 있어.① 다음 작업을 효율적으로 운영하기 위한 개선안을 알려줘.②

③
- 영업 전략 수립
- 신규 고객 개척
- 상담

ChatGPT
영업부 운영 효율화를 위한 개선안을 다음과 같이 제시합니다.

1. 영업 전략 수립 효율화:
   - 데이터 분석: 영업 부서는 데이터 기반 전략을 채택하여, 과거 판매 데이터, 시장 트렌드, 경쟁사 정보를 분석합니다. 데이터를 기반으로 전략을 수립하고 우선순위를 파악합니다.
   - CRM 시스템: 고객 관계 관리(CRM) 소프트웨어를 도입하여 고객 정보 및 커뮤니케이션 기록을 중앙 집중적으로 관리합니다. 이를 통해 영업 전략의 개인화 및 타깃팅을 개선할 수 있습니다.
2. 신규 고객 개척 효율화:
   - 아웃리치 도구: 리드 생성 도구나 SNS 플랫폼을 활용하여 잠재 고객을 식별하고, 효과적인 아웃리치를 수행합니다. 자동화 도구를 사용해 리드 추적과 후속 조치를 효율적으로 관리합니다.
   - 파트너십 전략: 유사 산업의 다른 회사와의 제휴나 협력을 검토하여 신규 고객 확보에 협력합니다. 공동 마케팅 캠페인이나 교차 판매 기회를 추구합니다.

3. 상담 효율화:
- 프레젠테이션 템플릿: 표준화된 프레젠테이션 템플릿을 만들어 사용자 맞춤화가 용이하도록 합니다. 이를 통해 상담 준비 시간을 단축하고 일관성 있는 메시지를 전달할 수 있습니다.
- 온라인 회의 도구: 온라인 상담이나 데모를 진행하기 위한 효과적인 도구를 선정하여 효율적인 커뮤니케이션을 실현합니다. 화면 공유나 채팅 기능을 활용하여 실시간으로 정보를 공유합니다.

이러한 개선책을 채택하면 영업 부서는 전략 수립, 신규 개척, 상담 과정을 효율화하고, 수익 증가와 신규 비즈니스 확보를 촉진할 수 있을 것입니다. 데이터와 기술 도구를 적절히 활용하는 것이 성공의 열쇠가 됩니다.

업무 목표를 달성하지 못한다면, 업무 흐름이나 역할 분담 같은 **운영**에 문제가 있을지도 모른다. 현재 운영에 문제가 있다면 ChatGPT에게 개선점을 물어보자.

프롬프트에 '**운영을 효율화할 개선안을 생각해줘**'라는 지시와 작업 내용을 함께 입력하면, 여러 가지 개선안이 제시된다. 이를 참고해 업무 운영 개선에 활용하자.

운영 개선을 위한 프롬프트 변형 예시

 이 업무 흐름 전체에서 개선할 수 있는 부분은?

 데이터를 더 안전하게 다루는 방법은?

 온라인 회의 도구를 추천하고 각각의 특징을 함께 알려줘.

+α 업무 흐름을 개선하는 데 활용

운영이라고 해도 **부서**나 **직종**, **프로젝트**에 따라 업무 흐름이 다양하다. 작업 내용만 입력해도 개선안을 몇 가지 얻을 수 있지만, 보다 자세한 정보를 프롬프트에 입력하면 정확도가 높은 답변을 얻을 수 있다.

예를 들어 **하나의 작업에 대해 현재 업무 흐름이나** 시간이 오래 걸리는 부분, 또는 비효율적인 점을 명확히 하자.

추가로 '**데이터 관리를 더 쉽게 하고 싶어**', '**업무 인원을 줄이고 싶어**', '**예산은 얼마야**' 같은 조건을 덧붙이면, 보다 현실적인 개선안을 받을 수 있을 것이다.

Column 5

Slack과 연동해 커뮤니케이션을 원활하게 하기

챗봇으로 활용하기

크리에이티브한 작업은 팀으로 진행되는 경우도 많다. 참여하는 팀이 많아질수록 사용하는 연락 도구가 늘어나 관리가 어려워질 수 있다. 그럴 때는 ChatGPT를 비즈니스용 채팅 도구인 "Slack"과 연동하여 커뮤니케이션을 원활하게 할 수 있다.

더 정확히 말하면, Slack 내 원하는 채널에 ChatGPT를 초대하여 챗봇으로 활용하는 것이다. 기본 기능은 ChatGPT와 동일하여 질문에 대한 답변을 받을 수 있고, 문서 요약이나 번역 등 다양한 활용이 가능하다. 무엇보다 채널에 들어와 있는 멤버는 같은 채팅 내용을 열람할 수 있기 때문에, 공지 전달 등의 수고를 줄일 수 있다. 또한 같은 앱 내에서 연락하면서 모르는 점은 ChatGPT에게 바로 물어볼 수 있어, 사용 창을 오가는 번거로움도 줄일 수 있다.

연동 방법

2023년 9월 기준, ChatGPT와 Slack을 연동하는 방법은 크게 두 가지다. 'Slack API를 사용하여 ChatGPT에 연동하는 방법'과 'Slack의 App 디렉토리에서 앱을 설치하여 연동하는 방법'이 그것이다. 첫 번째 방법은 코드를 다루어야 하므로, 코드에 익숙하지 않은 사람에게는 조금 복잡하고 어렵게 느껴질 수 있다. 두 번째 방법은 다음과 같은 방법으로, 누구나 쉽게 할 수 있다.

① Slack의 'slack app directory'에서 "ChatGPT" 검색
② 검색 결과에서 원하는 연동 앱 선택. ChatGPT와 연동 가능한 앱은 여러 개 있으므로, 원하는 것을 고르자
③ [Slack에 추가] 버튼 클릭
④ 권한 요청 페이지로 전환되면 [허용] 클릭
⑤ 연동 완료

ChatGPT 공식 앱의 이용은 앞으로

ChatGPT의 공식 연동 앱인 "ChatGPT app for Slack"도 존재하지만, 2023년 9월 기준, 이용 신청 대기 리스트에 등록해야 사용할 수 있다. 공식 앱을 이용하고 싶은 경우라면 우선 해당 대기 리스트에 등록해두자.

Chapter
6

기타 활용법

Scene // **Excel**

#도식화　#분류하기　#시간절약

활용법 **76**

Excel로 쉽게 다룰 수 있게 텍스트 데이터를 정리해줘

POINT

① 표로 정리 지시
② 표로 변환할 텍스트 데이터 입력

 USER
다음의 생산 비율 데이터를 표로 정리해줘.①

② 전국의 2024년 기준 사과 수확량은 약 460,000톤, 재배 면적은 약 33,000헥타르, 10아르 당 생산량은 약 1,400킬로그램입니다. 사과가 가장 많이 재배되는 지역은 경상북도이며 재배 면적은 15,000헥타르, 10아르 당 생산량은 1,912킬로그램, 총 수확량은 286,000톤입니다. 전국 및 경북의 재배 면적은 2023년을 비롯해 최근 수년간의 수치를 참고하여 계산했습니다.

 ChatGPT
다음은 제공된 데이터를 정리한 표입니다.

시도별	생산량(톤)	재배 면적(헥타르)	10아르 당 생산량(킬로그램)
전국	460,000	약 33,000	약 1,400
경상북도	286,000	15,000	1,912

Next Step » 더 좋게 만들기!

USER
표 템플릿을 만들어줘. 기간은 2024년 8월부터 10월까지로 해줘.

ChatGPT
템플릿을 작성했습니다. 연도를 2024년 8월, 9월, 10월로 설정하고 공백으로 남겨두었으므로 해당 데이터를 추가할 수 있습니다.

년도	생산량(톤)	재배 면적(헥타르)	10아르 당 생산량(킬로그램)
2024년 8월			
2024년 9월			
2024년 10월			

이 템플릿을 사용하여 2024년 8월, 9월, 10월의 데이터를 추가해주세요. 필요한 정보가 준비되면 각 셀에 해당하는 수치를 입력해주세요.

템플릿 작성을 부탁하기

ChatGPT를 사용해 Excel용 표를 만들 수 있다. 한번 만든 표를 템플릿화해두면, 다음부터 표를 만들 때 걸리는 작업 시간을 줄일 수 있다.

회의 내용이나 회의록을 정리할 때, 세세한 숫자나 데이터를 **표**로 만들고 싶을 때가 있다. 프롬프트에 숫자나 데이터를 입력하고 표로 정리해달라고 요청하면, 간단한 표로 만들어준다.

또한 표 **템플릿**도 만들 수 있어, 항목만 입력하면 쉽게 활용할 수 있다. <u>출력된 표는 Excel이나 스프레드시트에 그대로 복사해 쓸 수 있어 매우 편리하다.</u>

+α 추가 항목을 검토한다

표를 만들고 싶을 때는, 표로 만들고 싶은 정보를 정리해 프롬프트에 입력하자.

또한 표 **템플릿**을 미리 만들어두면 업무 효율을 높일 수 있다. 표는 한번 만들어 계속 사용할 수 있는 건 아니지만, 필요한 항목이 생기면 그때그때 추가하면 된다.

표에 필요한 정보를 추가하고 싶을 때는, 추가할 항목을 프롬프트에 입력하면 된다. 새로운 셀이 생성되고 항목이 추가된다.

예를 들어, 우편번호를 추가하고 싶을 때는 '**시도 앞에 셀을 추가해서 우편번호를 입력해줘**'라고 지시하면 된다. 우편번호는 입력한 지역명이나 주소를 기준으로 자동 추출해준다.

프롬프트를 만들 때는 <u>목적이나 출력 형식 등을 미리 명확히 설정하는 것이 중요하다. ChatGPT는 입력된 프롬프트</u>를 바탕으로 표를 자동 생성하기 때문에, 입력하는 내용의 정확성이 중요하다.

Scene// **Excel**

\#생각의 힌트 \#시간절약

활용법
77 목적에 맞는 Excel 함수를 알려줘

USER
재고 관리에 사용할 수 있는 <u>Excel 함수</u>와 <u>그 사용법을 알려줘.</u>
① ② ③

P O I N T
- ① 함수 용도 명확히 적기
- ② Excel 함수를 알려달라고 지시
- ③ 출력 형식 지시

ChatGPT
1. SUM(합계)
   - 사용법: =SUM(A1:A10)
   - A1부터 A10까지의 셀 값의 합을 계산합니다.
2. AVERAGE(평균)
   - 사용법: =AVERAGE(A1:A10)
   - A1부터 A10까지의 셀 값의 평균을 계산합니다.
3. COUNTIF(조건부 셀 개수)
   - 사용법: =COUNTIF(A1:A10, ">10")
   - A1부터 A10까지의 셀 중에서 10보다 큰 값의 개수를 셉니다.
4. VLOOKUP(세로 조회)
   - 사용법: =VLOOKUP(B1, A1:C10, 3, FALSE)
   - B1의 값을 A1:A10 범위에서 찾아, 해당하는 C열의 값을 반환합니다.

Excel은 데이터 관리와 계산을 할 수 있는 아주 편리한 도구다. 특히 함수를 이용하면 합계나 **평균** 같은 수치를 쉽게 구할 수 있다는 장점이 있다. 하지만 **다양한 종류의 함수 중에서 목적에 맞는 것을 골라 사용하는 것은 쉽지 않다.** 이럴 때는 ChatGPT에게 업무에 맞는 함수를 물어보자. 사용법과 함께 함수를 알려준다.

Scene // **Excel**

#프로그래밍 #시간절약

활용법

Excel 사용자 정의 함수를 만들어줘

USER
Excel에서 사용할 수 있는 사용자 정의 함수를 만들어줘. ①
색이 변경된 셀을 세는 함수여야 해. ②

[① 사용자 정의 함수 작성 지시
② 함수의 기능 및 조건 지정]

ChatGPT
다음은 Excel에서 색이 변경된 셀을 세는 사용자 정의 함수 코드입니다.

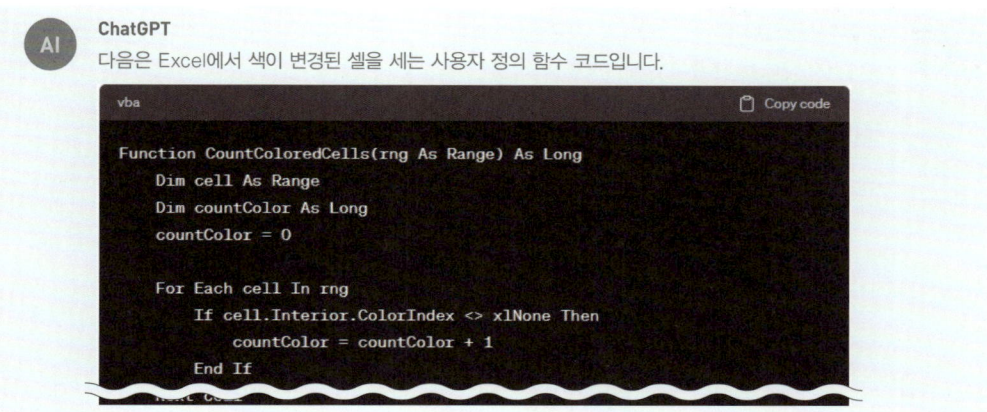

```vba
Function CountColoredCells(rng As Range) As Long
    Dim cell As Range
    Dim countColor As Long
    countColor = 0
    
    For Each cell In rng
        If cell.Interior.ColorIndex <> xlNone Then
            countColor = countColor + 1
        End If
```

Excel에서는 내장 함수 외에도 **직접 정의한 함수**를 구현할 수 있다. 필요한 코드를 ChatGPT에게 작성해달라고 요청해보자. 사용자 정의 함수 작성 지시와 함수 내용을 전달하면 코드를 생성해준다.
구현 방법은 ① Excel에서 'Alt + F11'을 눌러 VBA 편집기를 연다. ② 상단 메뉴에서 '삽입' → '표준 모듈'을 선택한다. ③ 생성된 코드를 붙여넣는다. 이렇게 하면 다른 함수처럼 손쉽게 사용할 수 있게 된다.

> 사용자 정의 함수 만들기 프롬프트 변형 예시

 사용자 정의 함수를 만드는 법을 알려줘.

 1000만 원 이상이면 흑자, 미만이면 적자라고 표시하는 함수를 만들어줘.

189

Scene // 용어   #정보수집 #시간절약

활용법

업계에서 사용하는 전문 용어를 정리해줘

POINT

① 출력 형태 지정
② 대상 업계 지정
③ 용어 목록 작성 지시

USER
표 형식으로 제과업계 용어 목록을 만들어줘.
① ② ③

ChatGPT

용어	설명
파티시에	제과 전문가로, 케이크나 페이스트리 등 디저트를 만드는 장인.
쇼콜라티에	초콜릿 제품을 만드는 전문가.
프랄린	설탕으로 캐러멜화한 견과류를 잘게 썬 것으로, 초콜릿 제품에 자주 사용됨.
파티스리	케이크나 구운 과자 등 디저트를 만드는 가게나 부서.
글라사주	케이크나 페이스트리에 바르는, 거울처럼 반짝이는 가나슈.
가나슈	초콜릿과 크림을 섞은 부드러운 페이스트로, 초콜릿 트뤼프나 케이크 채우기에 사용됨.
마카롱	아몬드 가루와 설탕이 주요 성분인, 부드러운 식감의 프랑스식 구운 과자.
카카오 매스	카카오 열매에서 추출한 카카오 버터와 카카오 가루의 혼합물. 초콜릿의 원료.

콩피튀르	과일 잼이나 젤리로, 케이크나 페이스트리의 필링 또는 토핑으로 사용됨.
퐁당	속이 부드러운 초콜릿 케이크로, 표면은 단단한 형태.
쿠베르튀르	고급 초콜릿으로, 파티시에나 쇼콜라티에가 제과에 사용하는 초콜릿.
에클레어	긴 형태의 프랑스 과자로, 크림이나 초콜릿으로 채워진 슈 반죽.
필링	케이크나 페이스트리 안에 채우는 크림, 과일, 초콜릿 등의 재료.

이 목록은 제과업계와 관련된 일반적인 용어 몇 가지를 보여줍니다.

여러 업계와 거래를 하다 보면 많은 **전문 용어**를 알아야 할 때가 있다. 이럴 때는 ChatGPT에게 전문 용어 목록을 만들어달라고 요청하면 정보 정리나 암기에 활용할 수 있다.

==알고 싶은 업계를 구체적으로 지정하고, 용어 작성을 지시==하면 용어와 해설이 포함된 표를 만들어준다. 업계를 구체적으로 지정할수록 정확한 용어 목록을 받을 수 있다. 또한 표뿐만 아니라 글머리 기호 등 다른 형식으로도 출력할 수 있다.

> 업계 용어 목록 작성 프롬프트 변형 예시

 용어 옆에 원어 표기도 함께 적어줘.

 특히 구분해서 주의해야 할 용어가 있다면 알려줘.

+α 용어 목록을 불러오기

ChatGPT에게 **용어**나 개념을 정리해달라고 부탁하면, 직접 조사하는 것보다 작업 효율이 훨씬 높아진다. 하지만 비교적 널리 알려진 일반적인 단어들만 나열되는 경우도 종종 있다. 단어 범주나 내용을 구체적으로 지시할 수 있다면 좋지만, 그래도 출력 결과가 마음에 들지 않을 때가 있을 것이다. 이럴 때는 직접 모은 단어에 정보를 추가하거나, 정보를 정리하는 작업을 맡기는 편이 결과적으로 더 정확한 결과를 얻는 데 도움이 될 수 있다.

유료 버전 ChatGPT의 확장 기능인 "Advanced Data Analysis(21쪽 참조)"를 활용하면 파일을 업로드할 수 있다. Excel이나 텍스트 파일 등을 업로드해서 자신이 수집한 전문 용어 목록을 불러오게 해보자. 전문 용어에 설명을 추가하거나 분류 작업을 하고 싶은 경우, 파일을 업로드하면서 함께 그 내용을 전달하면 그대로 출력해준다.

==프롬프트에 입력할 수 있는 문자 수보다 더 많은 정보를 불러올 수 있기 때문에, 정보량이 많다면 Advanced Data Analysis 기능을 활용하는 것을 추천한다.==

Scene // 동기부여　　　　　　　　　　　　　　　　#조언 부탁하기

활용법

일에 지쳤을 때 격려해줘

POINT

① 자신의 상황 구체적으로 설명
② 격려 요청

 USER
IT 계열의 회사에서 일하고 있어.① 일이 많아서 매일 야근이야. 기운을 낼 수 있도록 부드럽게 응원해줘.②

 ChatGPT
물론, 제가 힘이 되어 드리겠습니다!

먼저, 수고하셨다고 전하고 싶습니다. IT 계열의 회사에서 일하는 것은 정말 바쁘죠. 매일 야근이 계속되는 것은 정말 힘든 일이라고 생각합니다만, 당신의 노력이 회사에 매우 중요하다는 것도 확실히 말씀드리고 싶습니다.

바쁜 일상 속에서 당신이 보여주는 태도는 정말 멋집니다. 자신의 커리어를 쌓고 새로운 기술과 지식을 배우는 기회가 있다는 점에서, 이 경험은 분명히 미래에 도움이 될 것입니다.

하지만 자신을 돌보는 것도 중요합니다. 긴 시간 동안의 노동은 신체와 정신에 영향을 미칠 수 있기 때문에, 적절한 휴식과 시간을 잘 활용하는 것이 중요합니다.

또한, 상사나 동료들과의 소통을 통해 업무 부담을 나누는 것도 중요합니다. 마지막으로, 당신은 훌륭한 일을 하고 있습니다. 어려운 상황에 맞서 싸우고 성과를 이루어 내고 있다는 것을 잊지 말고, 자신감을 가지고 나아가세요.

항상 수고 많으셨습니다. 계속해서 힘내세요!

Next Step » 더 좋게 만들기!

✉ 더 구체적인 개선 방법을 묻기

다른 사람에게 말하기 어려운 고민도 ChatGPT를 통해 부담 없이 상담할 수 있다. '구체적인 개선 방법을 알려줘'라고 입력하면, 더 구체적이고 명확한 답변을 받을 수 있다.

USER
피로를 푸는 방법을 알려줘.

ChatGPT
피로를 풀기 위한 방법은 몸과 마음을 모두 이완시키는 것이 중요합니다.
충분한 수면을 취하기: 충분한 수면은 가장 효과적인 리프레시 방법 중 하나입니다. 매일 7~9시간의 수면을 취하고, 규칙적인 수면 습관을 유지하세요.
스트레스 관리: 스트레스는 피로의 주요 원인 중 하나입니다. 명상, 깊은 호흡, 요가 등의 이완 방법을 시도하여 스트레스를 줄이세요.
이러한 방법들을 결합하여 피로를 줄이고, 에너지를 회복할 수 있습니다. 자신의 몸과 마음을 아끼며, 균형 잡힌 생활을 통해 장기적인 에너지와 건강을 유지하는 것이 중요합니다.

업무 스트레스 등으로 쉽게 털어놓지 못하는 고민을 안게 되는 경우도 있다. 그럴 때는 ChatGPT에게 **하소연**을 하거나 **회복**할 수 있는 아이디어를 물어보자. 구체적인 재충전 방법이나 응원의 말을 들을 수 있다. 자신의 직업이나 업무 내용을 알려주면, 그에 맞춘 조언도 받을 수 있다. 또한 단순히 이야기를 들어주길 원할 때는, ChatGPT에게 '너는 내 친구야. 하소연을 묵묵히 들어줘'라고 말하자. 고민을 수용해주고 따뜻하게 응원하는 답변을 받을 수 있다.

+α 사람을 격려하는 말에 대한 아이디어를 묻기

다른 사람에게 조언하거나 설득할 때는 상대의 감정을 고려해야 해서 생각보다 어려움을 느낀다. 이럴 때 ChatGPT에게 조언을 요청하면, 도움이 될 만한 말을 제안해줄 때가 있다.

예를 들어, 지친 부하 직원에게 어떤 말을 해야 할지 모를 때는 **'지친 부하에게 어떤 말을 하면 좋을지 알려줘'**라고 입력하고, 추가로 **'구체적인 문장도 알려줘'**라고 말하면 말을 걸 때 쓸 수 있는 힌트를 얻을 수 있다.

이를 테면 '우리는 함께 목표를 향해 나아가고 있어. 네가 건강해야 우리 팀도 힘낼 수 있어' '네가 일하는 모습은 정말 멋져. 하지만 건강도 중요하니까 무리하지 말고 쉬어가면서 해' 같은 식의 답변을 받을 수 있다.

조언을 요청했을 때 **주관적인 감정을 빼고 답해주는 점이 ChatGPT의 장점이다.** 또한 자신의 상황을 명확히 입력하면 더욱 유용한 조언을 얻을 수 있다.

Scene // 동기부여　　　　#생각의 힌트　#조언 부탁하기

활용법 81 리더로서 해야 할 일이 무엇인지 알려줘

USER
판매 부서의 팀 리더야. 팀원들을 동기부여 하는 방법을 알려줘.

POINT
① 자신의 입장 명확히 설명
② 문제 해결 또는 과제 해결 방안 제시 지시

ChatGPT
1. 개별 니즈 이해: 팀원들은 각기 다른 요구와 니즈를 가지고 있습니다. 먼저 각 팀원의 목표와 동기부여 요소를 이해하는 것이 중요합니다. 이를 바탕으로 개별적인 접근 방법을 선택합니다.
2. 목표 설정과 투명성: 팀원들에게 명확한 목표와 기대를 설정하고, 그 목표 달성을 위한 지원을 제공합니다. 투명성을 유지하며, 성과 평가 기준을 공유하는 것이 중요합니다.
3. 피드백과 인정: 팀원의 성공을 인정하고, 칭찬과 피드백을 제공합니다. 건설적인 피드백은 성장과 개선을 촉진합니다.
4. 팀 빌딩: 팀 빌딩 활동을 통해 팀원들 간의 결속력을 높이고, 협력을 장려합니다. 긍정적인 팀 문화를 구축하는 것이 중요합니다.
5. 스킬 향상과 훈련: 팀원들에게 스킬 향상의 기회를 제공하고, 훈련 프로그램을 실행합니다. 스킬 향상은 자신감과 동기부여 향상으로 이어집니다.

'리더는 외롭다'는 말이 있다. 리더는 막역하게 의논할 수 있는 위치가 아니고 많은 경우 중요한 결정을 **스스로** 내려야 한다. **의사 결정**에 망설여진다면 ChatGPT에게 물어보자.
혼자서 결정하려고 하면 판단이 편향될 수도 있지만, ChatGPT는 편견 없이 조언해주기 때문에 한번 침착하게 정리하고 싶을 때 유용하게 쓸 수 있다.

의사 결정 프롬프트 변형 예시

파트타임 근무량을 조정할 때의 판단 기준을 알려줘.

리더로서 적합하지 않은 행동이나 요소가 무엇인지 알려줘.

더 잘 활용하고 싶은
사람을 위한

AI 활용 서비스
&
ChatGPT
플러그인
가이드

AI를 더욱 잘 활용하고 싶은 사람을 위한

AI 활용 서비스 가이드
Service Guide

ChatGPT 외에도 유용한 AI 활용 서비스는 여전히 많다. 슬라이드 작성, 이미지 생성, 스케줄 관리 등 기능도 다양하다. ChatGPT처럼 자연어 처리 기능을 갖춘 채팅형 도구들도 있다. 여기서는 AI 활용 서비스에 관심 있는 사람을 위해, 몇 가지 서비스를 소개하고 그 매력을 전하고자 한다.

슬라이드 자료

텍스트만 입력하면 AI가 슬라이드 자료를 자동으로 만들어주는

이루시루(イルシル)

[제공사] ルビス
[URL] https://elucile.lubis.co.jp

// POINT //
- ✓ 자료 만들기가 서툰 사람도 쉽게 작성 가능
- ✓ 글자만 많아 이해하기 어려운 자료에 그림을 추가해 훨씬 보기 쉽게 만들어줌
- ✓ 자료 작성에 드는 시간을 단축

텍스트 입력만으로 슬라이드를 만들 수 있는 AI 도구다. 750종 이상의 일본어 특화 템플릿을 선택해 다양한 소재와 부품 기능으로 간편하게 편집할 수 있다. 입력한 텍스트에서 키워드를 확장하거나 긴 문장을 요약해 슬라이드를 자동으로 만들어준다. 문장을 입력하기만 하면 제작 시간이 최대 3분의 1로 줄어든다. 디자인에 자신이 없어도 누구나 보기 쉬운 자료를 만들 수 있다.

예측 분석

근거를 바탕으로 누구나 예측 분석을 할 수 있는

Prediction One

[제공사] Sony Network Communications Inc.
[URL] https://predictionone.sony.biz/

// POINT //

- ☑ 자사의 다양한 데이터를 기반으로 예측 분석이 가능
- ☑ 예측 결과뿐만 아니라 그 근거와 이유도 함께 알 수 있음
- ☑ 여러 사람이 함께 결과를 공유하고 활용 가능

소니 내부 AI 교육에도 채택된 AI 예측 분석 툴이다. 프로그래밍 지식이 없어도 간단한 조작만으로 방대한 데이터를 기반으로 예측 분석을 진행할 수 있다. 개인의 감에 의존하던 분석을 정확한 데이터와 근거로 진행하고, 그 이유까지 한눈에 확인할 수 있다. 데스크톱 및 클라우드 버전을 지원하며, 여러 사용자가 결과를 공유해 분석 업무에서 특정인에게 의존하지 않을 수 있다.

메모·요약

웹 기사에서 신경 쓰이는 부분에 메모를 남길 수 있는

Glasp

[제공사] Glasp Inc.
[URL] https://glasp.co

// POINT //

- ☑ 관심 있는 웹페이지에 강조 표시와 메모 가능
- ☑ YouTube 영상의 자막을 글로 옮길 수 있고, Kindle과 PDF에도 메모를 남길 수 있음
- ☑ ChatGPT를 활용해 YouTube 영상을 간편하게 요약

이 서비스는 Chrome 확장 기능으로, 웹페이지에 강조 표시를 하거나 메모를 손쉽게 저장할 수 있다. YouTube 영상을 글로 옮기거나 Kindle과 PDF의 중요한 부분에 메모를 추가하고, 사용자들끼리 공유할 수 있다. 또한 메모를 인용해 X(Twitter)에 올리거나 블로그 뉴스레터에 삽입하는 기능도 제공한다. ChatGPT를 활용해 영상 요약을 빠르게 처리할 수 있다.

SEO 대책

정확도가 뛰어난 SEO 최적화를 기대할 수 있는

GMO의 AI SEO 디렉터(AI SEOディレクターby GMO)

[제공사] GMOソリューションパートナー
[URL] https://gmo-sol.jp/doc/a1/

// POINT //
- ☑ 우선순위가 높은 SEO 전략을 목록으로 제시
- ☑ SEO 컨설턴트의 노하우를 그대로 활용
- ☑ 어려운 전문 용어도 명확한 해설과 함께 제공

AI 기술을 활용한 SEO 진단 서비스다. 키워드와 URL을 입력하면 상위 페이지와 비교 분석해 검색 결과에서 상위에 올라가기 위해 어떤 SEO 전략이 필요한지 제안해준다. 제안된 SEO 과제는 우선순위를 정해 세 가지 핵심 작업으로 정리해주기 때문에, 가장 먼저 해야 할 일을 쉽게 파악할 수 있다. SEO 전문가의 경험과 데이터를 기반으로 한 예측 분석 기능으로, 높은 정확도로 SEO 최적화가 가능하다.

일정 관리

일정이 자동으로 설정되는

Reclaim

[제공사] Reclaim.ai
[URL] https://reclaim.ai

// POINT //
- ☑ 원하는 시간을 지정하면 자동으로 일정에 배정
- ☑ Google 캘린더 등과 연동되어 있어 사용이 편리
- ☑ 반복되는 일정도 등록 가능

Google 캘린더와 연동해 자동으로 시간 블록을 잡아주는 서비스다. 예컨대 '집필 시간 2시간 확보'라고 설정하면, 다른 일정과 이동 시간, 개인 시간을 감안해 집필에 2시간을 배정해준다. 일뿐만 아니라 습관도 등록할 수 있어서, 빈도·시간·우선순위를 지정하면 운동 시간이나 공부 시간 같은 반복 일정을 자동으로 확보해준다. 일정 관리를 신경쓸까봐 걱정이거나 잘 못하는 사람에게 제격이다.

채팅

LINE에서 ChatGPT를 사용할 수 있는

AI 챗봇 군(AIチャットくん)

[제공사] picon

[URL] https://picon-inc.com/ai-chat

// POINT //
- ☑ LINE에서 ChatGPT를 사용
- ☑ LINE 친구로 등록만 하면 ChatGPT 계정 가입이 필요 없음
- ☑ 빠른 반응 속도

LINE 친구 추가만으로 ChatGPT를 간편하게 사용할 수 있는 서비스다. 계정 등록이 필요 없어서 부담 없이 채팅을 시작할 수 있다. 터보 모드 덕분에 공식 사이트나 앱보다 훨씬 빠른 답변을 받을 수 있다. 무료 버전은 이용 횟수 제한이 있지만, 월 980엔 유료 플랜으로 변경하면 무제한으로 채팅할 수 있다.

대화형 검색 엔진

대화하면서 웹 검색을 해주는

Perplexity AI

[제공사] Perplexity AI

[URL] https://www.perplexity.ai

// POINT //
- ☑ 웹 검색과 대화를 동시에 할 수 있음
- ☑ 정보의 신빙성을 바로 확인할 수 있음
- ☑ 관련 프롬프트를 선택해 사용

챗봇처럼 대화하면서 실시간으로 웹 검색 결과를 제공하는 대화형 검색 엔진이다. 프롬프트만 입력하면 정보 출처 사이트와 답변은 물론, 관련 질문이나 추가 프롬프트까지 자동으로 제안해준다. 믿을 수 있는 답변인지 확인하며 자연스럽게 다음 대화로 이어갈 수 있다는 점이 가장 큰 특징이다. 계정 등록 없이 무료로 기본 기능을 사용할 수 있어, 누구나 즉시 이용할 수 있다는 것도 큰 장점이다.

채팅

정보 출처 사이트를 바로 열람할 수 있는 채팅 기능

Bing AI 챗(Bing AIチャット)

[제공사] Microsoft
[URL] https://www.microsoft.com/ko-kr/

// POINT //
- ☑ 대화 중 실시간으로 정보의 정확도를 검증할 수 있음
- ☑ ChatGPT 유료판 전용 'GPT-4'를 무료로 활용
- ☑ 별도 회원 가입 없이 바로 사용 가능

이 서비스는 GPT-4를 탑재한 대화형 AI 챗봇으로, 사용자가 원하는 대화 스타일을 자유롭게 선택할 수 있다. 검색 엔진으로 출발해 Bing 검색 기능을 연동하기 때문에 정확도가 높은 정보를 제공한다. 답변에는 정보 출처 사이트의 URL이 포함되어 믿을 수 있는 내용인지 바로 확인할 수 있으며, 회원 가입 없이 간편하게 이용할 수 있는 것이 장점이다.

채팅

Google이 개발한 정밀도 높은 대화형 AI 봇

Bard

[제공사] Google
[URL] https://bard.google.com

// POINT //
- ☑ Google 계정만으로 바로 이용 가능
- ☑ Google 검색과 연계되어 실시간 정보를 활용할 수 있음
- ☑ Gmail·Drive 등 다른 Google 앱과 연동 가능

대화형 AI 챗봇 서비스로, Google이 개발한 언어 모델 "LaMDA"를 기반으로 한다. 2023년 9월 기준 시범 운용 단계로 공개되어 있으며, Google 검색 데이터를 학습해 늘 최신의 정확한 정보를 제공한다. Google 계정만 있으면 즉시 이용할 수 있어 접근성이 높다. 질문에 대한 답변은 물론, 광고 문구 작성이나 스토리 창작 지원 등 다양한 활용이 가능하다.

채팅

정교한 일본어 처리를 통해 고객 지원 업무를 줄여주는
PKSHA Chatbot

[제공사] PKSHA Communication
[URL] https://aisaas.pkshatech.com/chatbot/

// POINT //
- ☑ 일본어 응답의 정확도가 매우 높음
- ☑ 몇 줄의 태그만 웹사이트에 추가해 손쉽게 도입 가능
- ☑ 전문 고객 서비스 지원을 제공받을 수 있음

이 대화형 AI 챗봇은 빅데이터 기반의 사전 데이터를 활용해 뛰어난 일본어 처리 능력을 갖췄다. 웹사이트에 간단히 태그를 삽입하는 것만으로 챗봇 엔진을 즉시 도입할 수 있으며, FAQ 작성·공개·분석·운영 개선 등 업무 전반에 걸쳐 고객 대응 지원을 받을 수 있다.

채팅

누구라도 손쉽게 자신만의 대화형 AI를 제작할 수 있는
miibo

[제공사] miibo
[URL] https://miibo.jp

// POINT //
- ☑ 자신만의 Q&A 챗봇을 만들 수 있음
- ☑ AI로 면접이나 인터뷰 같은 대화 시뮬레이션을 만들 수 있음
- ☑ 자신만의 AI 버추얼 유튜버(VTuber)를 만들 수 있음

챗봇 수준의 대화가 가능한 고성능 AI 도구다. 코드가 필요하지 않은 AI 플랫폼으로, 별도 프로그래밍 없이 공개 API를 앱·웹 서비스에 통합하는 것만으로 인터넷이 연결된 곳에서 챗봇을 사용할 수 있다. 또한 채팅 내용을 다른 사용자와 공유해 브라우저 상에서 실시간으로 함께 대화할 수 있다.

글 작성

용도에 따라 선택할 수 있는 생성 도구가 100가지

Catchy

[제공사] デジタルレシピ
[URL] https://lp.ai-copywriter.jp

// POINT //
- ☑ 글 작성 작업을 AI가 도와줌
- ☑ OpenAI GPT-3 엔진 탑재
- ☑ 글을 쓸 때 아이디어 브레인스토밍도 가능

문서 작성을 도와주는 문장 생성 AI다. 텍스트를 입력하면 다양한 원고 작성, 수정, 이미지 생성용 프롬프트 등으로 문장을 작성할 수 있다. OpenAI의 GPT-3가 탑재되어 있으며, 100가지 이상의 생성 도구를 활용해 원하는 바에 가까운 문장을 생성할 수 있다. 예를 들어, 캐치프레이즈나 기사, 문서 작성은 물론, 고민 상담이나 LINE 메시지 답장까지, 말이나 글과 관련된 아이디어라면 무엇이든 생성해준다.

글 작성

기사 작성에 특화된 문장 생성 AI

라쿨린(ラクリン)

[제공사] makuri · アルル制作所 · ジジックス
[URL] https://rakurin.net

// POINT //
- ☑ 제목, 부제목, 리드 문장, 소제목, 본문, 결론까지 기사 작성에 필요한 모든 요소를 자동으로 제안
- ☑ 수정 기능을 통해 작성한 문장을 손쉽게 다듬을 수 있음
- ☑ 무료 플랜으로 매달 25토큰이 제공되어 기사 한 편 제작 가능

기사 작성에 최적화된 문장 생성 AI다. 제목, 부제목, 리드 문장, 소제목, 본문, 요약문 등 기사에 필요한 요소를 각각 제안해주는 기능이 탑재되어 있고, 주로 블로그나 인터넷 기사 작성에 활용할 수 있다. 또한 Q&A 형식의 문장 작성이나 수정도 가능하다. 무료 플랜에서는 매달 2만 토큰이 제공되며, 대략 기사 한 편을 작성할 수 있다. 유료 플랜은 월 4,980엔에서 29,980엔까지 다양하며, 요금에 따라 지급되는 토큰 양이 늘어난다.

글 작성

SNS에서 한 번에 주목받는 카피를 만들어보자!

BuzzTai

[제공사]　BAZZTAI CO.
[URL]　https://www.buzztai.com

// POINT //

- ☑ 화제성 있는 광고 문구와 문장을 AI가 자동 생성
- ☑ SNS 경험이 없어도 손쉽게 마케팅에 활용할 수 있음
- ☑ 결과물을 PDF, 일반 텍스트 등 원하는 파일 형식으로 저장

이 문장 생성 AI는 SNS 및 인터넷 기사 작성에 최적화된 툴로, 버즈 효과가 필요한 상황에서 뛰어난 성과를 발휘한다. 광고 문안, 기업 홍보 글 작성도 지원하며, 생성된 콘텐츠는 다양한 파일 형식으로 다운로드하여 즉시 활용할 수 있다. 주로 SNS나 인터넷 기사 등과 같은 글에 강점을 갖고 있으며, 이름 그대로 '버즈(화제)'를 만들고 싶을 때 SNS 마케팅에 효과적인 도구로 활용된다. 그 외에도 광고 문구나 기획서 등 다양한 문서 작성도 가능하다. 생성한 문장은 PDF나 일반 텍스트 등 원하는 파일 형식으로 다운로드할 수 있다.

제품 사진

전문가처럼 제품 사진을 순식간에 완성

포토그래퍼 AI(フォトグラファーAI)

[제공사]　Fotographer AI
[URL]　https://fotographer.ai/

// POINT //

- ☑ 간단히 전문가처럼 제품 사진을 제작
- ☑ SNS 등에 올릴 배너를 높은 품질로 대량 생산할 수 있음
- ☑ 제품 사진 제작 비용을 절감

이미지를 AI에 업로드한 뒤 배경이나 연출을 텍스트로 지시하기만 하면, 마치 전문가가 찍은 것 같은 온라인 쇼핑몰·마케팅용 제품 사진을 자동으로 생성해준다. 화장품, 의류 제품, 식품 등 다양한 상품을 대상으로 사진 제작이 가능하므로, 온라인 쇼핑몰이나 콘텐츠 제작 비용을 줄여줄 것이다.

제품 사진

원하는 대로 제품 사진을 제작할 수 있는 서비스

Flair AI

[제공사] Flair
[URL] https://flair.ai

// POINT //
- ☑ 클릭 몇 번으로 전문가 수준의 제품 사진을 생성
- ☑ 인물 사진에 옷을 합성해 실감 나는 착용 사진을 만들 수 있음
- ☑ 조명과 촬영 각도를 자유롭게 설정

업로드한 이미지를 원하는 디자인으로 완성할 수 있는 서비스다. 예를 들어, 제품의 오래낸 이미지를 불러오고 주변에 배치할 소품, 인물, 이미지와 유사한 배경을 선택하면, 제품 배경 디자인이나 모델 착용 이미지를 자동 생성해준다. 온라인 쇼핑몰에 올릴 제품 사진을 제작할 때 유용한 서비스다. 무료 버전은 매월 디자인 100개까지, 월 10달러의 프로페셔널 버전은 무제한으로 디자인할 수 있다.

영상 편집

손쉽게 온라인에서 영상 편집을 할 수 있는

invideo AI

[제공사] InVideo
[URL] https://invideo.io/s/alamin

// POINT //
- ☑ 온라인으로 동영상 편집 가능
- ☑ 5,000개 이상의 템플릿 중에서 선택해 간단히 편집할 수 있음
- ☑ 아이디어만으로 AI가 동영상을 생성

텍스트로 이미지를 지시하면 AI가 동영상을 생성하고, 온라인에서 동영상 편집이 가능한 서비스다. 5,000개가 넘는 다양한 템플릿 중에서 원하는 것을 선택해 자유롭게 편집할 수 있어, 동영상 편집 초보자라도 퀄리티 높은 영상을 만들 수 있다. 또한 여러 사람이 데이터를 공유하면서 편집할 수 있다. 유료 플랜에서는 편집할 수 있는 동영상 수가 늘어나는 등 활용 범위가 넓어진다.

영어 회화

정확한 음성 인식으로 영어 회화 실력을 기를 수 있는

스픽

[제공사] Speakeasy Labs, Inc
[URL] https://www.speak.com/ko

// POINT //
- ☑ 원하는 타이밍과 장소에서 영어 회화 연습이 가능
- ☑ 정확한 피드백을 받을 수 있음
- ☑ 원어민의 발음을 들을 수 있음

영어 회화 말하기를 연습할 수 있는 앱이다. 최첨단 음성 인식과 AI 기술이 사용되어, 원어민뿐만 아니라 한국인이 말하는 영어 음성까지 방대한 데이터를 AI가 학습한다. 그 결과 음성 인식 속도가 0.1초, 정확도는 95%로 매우 높은 수준의 음성 인식이 가능하다. 이 기술을 바탕으로 '발음 코치 기능'에서는 발음을 음소 단위로 분석해, 보다 자연스러운 발음에 가까워지도록 도와준다.

기타

사용한 AI 기능만 요금을 지불하는

CalqWorks

[제공사] Kanda Quantum
[URL] https://calqworks.studio.site/top

// POINT //
- ☑ 보안이 보장된 자사 ChatGPT를 간단히 이용할 수 있음
- ☑ 여러 기능 중에서 선택한 AI 도구를 팀원에게 배포할 수 있음
- ☑ 슬라이드나 프로그램 등의 결과물을 생성

모든 기능이 탑재된 비즈니스용 AI 도구다. 실시간 회의록 생성이나 메일 생성, 보도자료 작성 등 편리한 AI 도구가 제공되며, '사용하고 싶은 기능을 사용한 만큼만' 청구하는 시스템이다. 보안도 보장되어 있기 때문에 안심하고 비즈니스에 사용할 수 있을 것이다. 개인용과 법인용 플랜이 준비되어 있으므로, 조직 규모와 업무 방식에 맞춰 사용해보자.

ChatGPT를 더 사용해보고 싶은 사람을 위한

ChatGPT 플러그인 가이드

Plugin Guide

ChatGPT를 한층 더 편리하게 만들어주는 확장 기능인 플러그인. 본문에서도 몇 가지 소개했지만, 플러그인은 날마다 업데이트되고 2023년 9월 기준 무려 900종류가 넘는다. '종류가 많아서 어떤 것을 써야 할지 모르겠다'는 사람을 위해, 여기서는 비즈니스 실무자에게 적합한 플러그인을 엄선해 소개한다. 유료 버전 ChatGPT 사용자는 꼭 한번 확인해보길 권한다(플러그인 도입 방법은 26쪽 참조).

플러그인 이름	플러그인 기능
ABC Music Notation	ABC 표기법으로 작성한 악보를 WAV·MIDI·PostScript 파일로 변환
AI Agents	목표를 설정하면 AI Agents가 자동으로 태스크를 구성해 생산성을 끌어올림
Argil AI	ChatGPT 내에서 이미지를 생성
Bardeen	X(Twitter)의 트렌드 토픽을 찾아줌
CapCut	CapCut으로 동영상을 제작하고 편집할 수 있음
ChatWithPDF	PDF 문서를 분석해 요약·질문할 수 있음
Color Palette	이미지나 용도를 바탕으로 그에 맞는 색상 팔레트를 생성
Copywriter	광고 문안 작성과 웹사이트 개선점을 제안
Decision Journal	의사 결정과 그 결과를 검토해줌
Diagrams:Show Me	특정 개념이나 프로세스를 그래프나 도표로 시각화
Expedia	여행 일정, 활동, 항공편 등을 추천해줌

HeyGen	텍스트를 입력하면 아바타가 음성으로 말하는 영상을 생성
MixerBox ImageGen	텍스트를 입력하면 원하는 이미지를 자동 생성
NewsPilot	전 세계 언어로 된 최신 뉴스 기사를 실시간으로 제공
Now	실시간으로 최신 트렌드를 손쉽게 파악해줌
Photorealistic	이미지 AI에 입력할 문구를 자동으로 추천해줌
PluginFinder	필요에 맞는 ChatGPT 플러그인을 손쉽게 찾아줌
Prompt Perfect	ChatGPT에 대한 요청을 보다 구체적인 형태로 개선·재구성
sakenowa	사케에 관한 다양한 정보를 제공
SceneXplain	이미지를 업로드하면 AI가 주요 요소와 특징을 설명
SEO CORE AI	웹페이지와 키워드에 관한 SEO 및 콘텐츠 분석 가능
Slide Maker	템플릿을 사용해 슬라이드 생성
Smart Slides	텍스트만 입력하면 AI가 자동으로 슬라이드 자료 생성
Speak	모르는 표현을 번역·해설하여 언어 학습에 도움
Speechki	문장을 AI 음성으로 읽어줌
Tabelog	제시한 조건을 기반으로 식당 검색과 예약을 도와줌
There's An AI For It	필요에 따라 가장 알맞은 AI 도구·서비스를 제안
VideoInsights.io	동영상을 분석해 내용을 문장으로 설명
Visla	문장 입력만으로 AI가 자동으로 영상 생성
VoiceOver	문장을 AI 음성으로 읽어줌
WebPilot	웹사이트에서 최신 정보를 가져오고, 웹페이지를 요약하며, 지정한 URL의 정보로 질문에 답변
Zapier	5,000개 이상의 웹 서비스 간 데이터 흐름과 작업을 자동으로 연결

Business Person no Tame no ChatGPT Katsuyou Taizen
@Gakken
First published in Japan 2023 by Gakken Inc., Tokyo
Korean translation rights arranged with Gakken Inc.
through Imprima Korea Agency

이 책의 한국어판 출판권은
Imprima Korea Agency를 통한 Gakken Inc.과의 독점계약으로
정보문화사에 있습니다.
저작권법에 의해 한국 내에서 보호를 받는 저작물이므로
무단전재와 무단복제를 금합니다.

비즈니스를 위한
ChatGPT 활용 대전

초판 1쇄 인쇄 | 2025년 6월 20일
초판 1쇄 발행 | 2025년 6월 25일

지 은 이 | 쿠니모토 치사토
옮 긴 이 | 챗GPT 연구회

발 행 인 | 이상만
발 행 처 | 정보문화사

책 임 편 집 | 노미라
편 집 진 행 | 명은별, 문벼리

주　　　소 | 서울시 종로구 동숭길 113 정보빌딩
전　　　화 | (02)3673-0114
팩　　　스 | (02)3673-0260
등　　　록 | 1990년 2월 14일 제1-1013호
홈 페 이 지 | www.infopub.co.kr

I S B N | 979-11-991583-5-1

이 책은 저작권법에 따라 보호받는 저작물이므로 무단전재와
무단복제를 금하며, 이 책 내용의 전부 또는 일부를 사용하려면
반드시 저작권자와 정보문화사 발행인의 서면동의를 받아야 합니다.

※ 책값은 뒤표지에 있습니다.
※ 잘못된 책은 구입한 서점에서 바꿔 드립니다.